DER GROSSE PLAN

von Hilarion

Vergangenheit, Gegenwart und Zukunft
des menschlichen Experiments
auf dem Planeten Erde

durchgegeben von Maurice B. Cooke

aus dem Englischen von Karl-Heinz Holland

Saint Germain - H. J. Starczewski Verlag

56195 Höhr-Grenzhausen. Im Silbertal 4a. Deutschland.

Unveränderter Nachdruck der deutschen Erstausgabe von 1996.

Titel der Originalausgabe: »The Master Plan. Past, Present and Future of the Human Experiment on Planet Earth.«
First published 1992 by Marcus Books, Queensville / Ontario, Canada.

Herstellung: Books on Demand GmbH, 2003
Printed in Germany
ISBN 3-925612-46-7

Inhalt

Seid dem Leben einfach dankbar
für alles, was es ist und enthält!

(Saint Germain)

Einleitung

Viele Menschen empfinden heute, daß in unserem Weltbild eine Lücke entstanden ist, die weder von den konventionellen Religionen einerseits noch von den Naturwissenschaften andererseits geschlossen wird. Wer könnte uns heute inmitten eines weltumspannenden Chaos der Massensäuglingssterblichkeit und Bevölkerungsexplosion, des drohenden Zusammenbruchs unserer Umwelt, des Völkermords und der Massenvernichtungssysteme noch eine wirklich kompetente Antwort auf grundlegende Fragen unseres Seins geben? Welchen Sinn soll das Leben eines Säuglings haben, der im Alter von zwei Jahren an Hunger stirbt? Welchen Sinn hat unser eigenes Leben, und was kommt nach dem Tode? Sind wir ein Zufallsprodukt, oder wurden wir von einer höheren Intelligenz geschaffen? Gibt es Leben auf anderen Planeten? Gibt es höhere Intelligenzen, die unser Leben auf der Erde lenken, und mit welcher Absicht? Solche und andere Fragen beschäftigen die Menschen. Und wenn die konventionellen christlichen Kirchen hohe Austrittszahlen und die Passivität ihrer Mitglieder beklagen, so legt dies nahe, daß sich immer weniger Menschen davon angesprochen fühlen, wie Fragen nach dem Wesen, Weg und Ziel des Menschen dort behandelt werden.

Die Naturwissenschaften auf der anderen Seite, die heute einen so weitreichenden Einfluß auf unser Leben und Denken erlangt haben, beschränken sich in ihrer Forschungsarbeit weitgehend auf die materielle Erfahrungsebene des Menschen und das mit physischen Instrumenten Meßbare. Dadurch klammern sie bestimmte Bereiche und Fragen von vornherein aus der Betrachtung aus.

Viele Menschen ahnen auf ihrer Suche nach einer umfassenderen Lebensphilosophie, daß es so etwas wie eine »Wirklichkeit hinter der Wirklichkeit« geben muß - eine heimliche Agenda für die Entwicklung der Menschheit, einen übergeordneten Plan, der uns mit unfehlbarer Gewißheit durch die Schatten des gegenwärtigen Chaos in ein neues Zeitalter des Lichts, der Liebe und der Eintracht unter den Menschen führen wird.

Von diesem Plan handelt das vorliegende Buch.

Doch aus welcher Quelle stammen die hier gegebenen Informationen?

Vor vielen Jahren entwickelte ich eine Pendeltechnik, mit deren Hilfe ich den Kontakt zu einer körperlosen Wesenheit aufbauen konnte. Die Wesenheit gab sich als Hilarion zu erkennen. Hilarion ist den Theosophen als einer von sieben »Meistern« bekannt, die der sogenannten *Hierarchie* oder *Weißen Bruderschaft* auf diesem Planeten angehören. Jeder der Meister ist mit bestimmten Bereichen des irdischen Lebens betraut, und Hilarions besondere Verantwortung gilt dem Fortschritt der Wissenschaften und der Erweiterung von Detailwissen aller Art. Diese Pendelverbindung ermöglichte es mir, erstaunliche Informationen zu zahlreichen Themen okkulter, praktischer und wissenschaftlicher Art zu erhalten, darunter Technologie, Astrologie, die verlorene Geschichte der Menschheit, Reinkarnation, Karma, Gesundheit und viele andere Bereiche.

Mehrere Jahre später lernte ich dann, mit Hilfe bestimmter Techniken aus dem mentalen Yoga mein Bewußtsein soweit zu beruhigen, daß ich alle eigenen Gedanken zurückhalten konnte. In diesem wachsamen Zustand »reiner Beobachtung«, in dem man sinnliche Wahrnehmung ohne Beurteilen, Vergleichen oder Analysieren hinnimmt, konnte ich beobachten, wie aus den Tiefen meines Bewußtseins »Gedankenblasen« aufstiegen, und lernte, ihr Entstehen zu verhindern. Schließlich konnte ich mein Bewußtsein von eigenen Gedanken völlig freihalten. Ich erwägte, ob es mir in diesem Zustand vielleicht möglich sei, mich durch Telepathie mit Hilarion direkt zu verständigen, und schlug vor, dies zu versuchen. So machten wir es dann auch.

Am Anfang fiel es mir schwer. Ich konnte wohl den eingegebenen Gedanken mit ausreichender Zuverlässigkeit folgen, doch jedesmal, wenn in dem Diktat eine kleine Pause entstand, schaltete sich mein eigenes Bewußtsein dazwischen und setzte seine Aktivität fort. Schließlich wurde ich aufmerksam genug, um dies weitgehend zu unterbinden. Doch selbst heute habe ich noch manchmal Bedenken, ich könnte die übermittelte Information ungebührlich beeinflussen.

Es hat wenig Sinn, die Quelle dieses Buches über das bereits Gesagte hinaus näher zu beschreiben. Viele werden das Material als reine Erfindung abtun, während es für andere vielleicht von Wert sein wird. Ich kann die Korrektheit meiner Aussagen nicht beweisen. Wie bei allem Material dieser Art, muß der Leser letztlich auf die leise Stimme seines Gewissens vertrauen. Wenn das Geschriebene glaubhaft klingt, wenn es die Intuition anspricht, so ist dies vielleicht am ehesten ein Grund, ihm Vertrauen entgegenzubringen. Falls der Leser das Geschriebene jedoch für allzu versponnen hält, bleibt mir nur zu hoffen, daß die Buchhandlung beim Umtausch keine Probleme machen wird.

Ich muß den Leser vorwarnen, daß dies kein konventionelles Buch ist - nicht nur, weil es für sich in Anspruch nimmt, von einer körperlosen Wesenheit diktiert worden zu sein. Die hier gewählte Form der Mitteilung könnte den Leser überraschen. Der Autor zählt zunächst die gröbsten Verfehlungen der Menschheit auf, insbesondere was wir als Zivilisation unserem Planeten, uns selbst und den uns anvertrauten Tieren angetan haben. Es folgt ein kurzer Überblick über einige bedeutende Abenteuer, die unsere Seelengruppe seit ihrem ersten Antreten als damals noch ungeteilter Lebensstrom erlebt hat. Anschließend erzählt Hilarion die Geschichte des Mörders Stoker: Er begleitet diesen zwielichtigen Charakter von der Hinrichtung auf dem elektrischen Stuhl zu seinen Erlebnissen und Erfahrungen auf den unteren Ebenen der Astralwelt. Die Geschichte wird später unterbrochen, um eine Reihe von Themen aus der Perspektive der »anderen Seite« zu besprechen. Danach greift Hilarion die Geschichte wieder auf, bis sie schließlich gegen Ende des Buches unvermittelt abbricht. Der Autor erklärt, daß diese Geschichte unter anderem den Leser mit Bedingungen vertraut machen soll, die viele Menschen vorfinden werden, wenn sie während der für das nächste Jahrzehnt erwarteten Katastrophen ums Leben kommen werden. Es liegt auf der Hand, daß in Dialogszenen den Charakteren außerdem verschiedene Lehren bzw. Fragen und Einwände in den Mund gelegt werden können.

Man wird feststellen, daß der Text von Anfang bis Ende ohne Unterbrechung durchläuft. Ich habe die Quelle des Buches wiederholt gefragt, ob ich ihn in Kapitel unterteilen solle, und darauf hingewiesen, daß der Mangel an konventioneller Form potentielle Leser von der Lektüre abhalten könne. Die Antwort war jedesmal »nein«, wenn mir auch freigestellt wurde zu tun, was ich für richtig hielte. Ich versuchte mehrfach, den Text in sinngemäße Kapitel zu unterteilen, doch wollte er sich einfach nicht in handliche, mit einem Etikett versehbare Portionen zerlegen lassen.

Schließlich hatte ich auch Bedenken wegen einiger merkwürdiger und teilweise krasser Szenen in der Stoker-Geschichte, und ich schlug vor, sie etwas abzumildern oder ganz zu streichen. Zur Antwort erhielt ich jedesmal, der Stoff sei korrekt empfangen worden und die Quelle ziehe es vor, wenn die Szenen so belassen würden. Es sei es mir jedoch freigestellt (dies wurde mir immer wieder versichert), damit nach eigenem Ermessen zu verfahren. Ich grübelte über diese Worte - oder aber darüber, wie sich die Szenen umarbeiten ließen. Jedesmal wenn ich mich an der Überarbeitung des Textes versuchte, verstrickte ich mich hoffnungslos in dem Bemühen, den Zusammenhalt der Geschichte zu wahren. Die Inhalte der fraglichen Szenen griffen mit anderen Teilen des Textes ineinander, und jeder Versuch, sie wesentlich abzuändern, hinterließ viele lose Enden, die sich nur sehr schwer wieder miteinander verknüpfen ließen.

Ich erkannte, daß meine Unschlüssigkeit bezüglich dieser Stellen mich daran hinderte, den Text in seine endgültige Form zu bringen. Da setzten die »Fingerzeige« ein. Ich begann, um mich herum - das heißt, in der physischen Realität - Widerspiegelungen genau derjenigen Szenen zu sehen, die mir solches Kopfzerbrechen bereiteten. Zwei dieser Begebenheiten möchte ich hier erwähnen, weil sie zeigen, wie deutlich die Botschaft sein kann.

An einer Stelle in der Geschichte trifft Stoker, als er durch die Unterwelt (= die unterste Astralebene) reist, auf einen Doppeldecker im Londoner Stil. Einer der geistigen Führer, die dort arbeiten und um die Befreiung gebundener Seelen bemüht sind, hat den Bus »manifestiert«, um einige der dort Verweilenden zum Verlassen dieses trostlosen Ortes zu bewegen. Der Bus scheint merkwürdig und nicht recht ins Bild zu passen: Erstens gibt es auf der untersten Astralebene gar keine Straßen, auf denen er fahren könnte, und zweitens ist er völlig weiß und hat nur eine Tür, welche sich im vorderen Teil befindet. Vor nicht allzu langer Zeit fuhr ich zu einem Einkaufszentrum im Norden Torontos, um einige Besorgungen zu machen. Ich dachte gerade darüber nach, ob sich die Szene mit dem Bus nicht irgendwie in etwas Glaubwürdigeres umgestalten ließe. Ich sah nach links, als ich auf den Parkplatz fuhr, und da erhob sich unmittelbar vor mir *ein weißer Doppeldecker mit einer einzigen Tür im vorderen Teil!* Hoppla, dachte ich. Das sieht ja ganz so aus, als soll ich die Szene mit dem Bus in der Geschichte lassen...

An einer anderen Stelle des Buches beobachten Stoker und sein Begleiter eine ausgesprochen grausige Szene: Auf dem Boden ausgestreckt liegt ein großes Bildnis von Christus am Kreuz - mit Nägeln und Dornenkrone. Einige Menschen haben sich darum versammelt und attackieren es mit allerlei Waffen. Wegen dieser Szene hatte ich die größten Bedenken. Ich wußte einfach nicht, wie ich damit umgehen sollte. Mitte März verbrachte ich dann eine Woche mit meiner Familie in Florida. Wir hatten direkten Zugang zu einem wunderschönen Strand in der Nähe Sarasotas und unternahmen lange Wanderungen auf dem feinen Sand. Einmal kam mein Schwiegervater von seinem Morgenspaziergang zurück und bemerkte, er habe weiter oben kurz vor dem öffentlichen Teil des Strands eine Sandfigur von Christus am Kreuz gesehen. Vielleicht wolle ich sie mir ja einmal ansehen, bevor jemand sie zerstört. Ich war wie elektrisiert - nicht zuletzt, *weil ich gerade über genau diese Szene nachgedacht hatte!* Mit gemischten Gefühlen eilte ich aus dem Appartement zu der beschriebenen Stelle. Da lag sie: eine übergroße Sandfigur von Christus am Kreuz, erstaunlich realistisch mit Nägeln, einem Tuch um die Lenden und Dornenkrone auf dem Kopf. Ich ging zurück, um meine Frau zu holen und ihr die Figur zu zeigen. »'Sieht ganz so aus, als soll ich die Szene mit dem Kreuz drinlassen«, schmunzelte ich.

»Das glaube ich auch«, sagte sie lachend.

Einige Worte sollen noch für Leser gesagt werden, die zum ersten Mal auf Gedankengut stoßen, mit dem dieses Buch so um sich wirft wie mit allgemein anerkannten Tatsachen. Mancher wird vielleicht fragen: Wie kann irgendein vernünftiger Mensch davon ausgehen, daß alle sich gegenwärtig auf diesem Planeten inkarnierenden Menschenseelen einem einzigen »Lebensstrom« angehören, der in einem früheren Stadium seiner Reise durch die physische Realität wenigstens teilweise in den verschiedenen Dinosaurierarten inkarniert war? Es ist wohl wahr, daß die Menschen vom Leben und der Ära dieser wunderbaren Reptilien seit den ersten Skelettfunden fasziniert sind, doch ist unsere Faszination noch kein Beweis dafür, daß wir tatsächlich *selbst Dinosaurier* waren. Ähnliche Einwände lassen sich gegen viele der im Text gemachten Aussagen vorbringen. Ich möchte zweifelnden Lesern versichern, daß die Freude an diesem Buch keineswegs die sklavische Zustimmung zu jeder einzelnen Aussage voraussetzt. Eine gesunde Skepsis war noch immer unser bester Schutz gegen Humbug und Schwindel. Man gehe an den Text einfach mit der Einstellung heran: »Was wäre, wenn...« - z.B. »Was wäre, wenn wir wirklich einmal diese wunderbaren Reptilien waren? Was wäre, wenn das menschliche Bewußtsein den Tod tatsächlich überlebt?«

Was, wie Hilarion betont, wenn die menschliche Familie die für die nahe Zukunft vorausgesehenen Katastrophen und ein Massensterben gewaltigen Ausmaßes tatsächlich noch abwenden könnte - wenn sie den Atem des Schöpfers in allen Dingen wiederentdeckt, und wenn sich die Menschen miteinander und mit der Erde aussöhnen und dazu entschließen, nie wieder Krieg zu führen?

Ich hoffe, daß die folgenden Seiten für Studenten spiritueller Literatur wie Skeptiker gleichermaßen von Wert sein werden.

Toronto, im April 1992 Maurice B. Cooke

(In der Bearbeitung für die deutsche Fassung von Karl-Heinz Holland. London, im November 1995.)

Der Große Plan

Vergangenheit, Gegenwart und Zukunft des menschlichen Experiments auf dem Planeten Erde

Von den unzähligen Zivilisationen dieser Galaxie steckt nur die eure geistig noch immer im Sumpf ihres eigenen Unrechts. Wie kosmischer Staub sind die Planeten, die menschliche Rassen beherbergen, zwischen die Sterne gestreut, doch nur auf eurem muß die führende Spezies noch einen Grad der Meisterschaft erlangen, der sie zum Kolonisieren und Kultivieren anderer Planeten im eigenen Sonnensystem berechtigt.
Diese Erde wurde euch als herrliche Oase im kalten Raum gegeben. Nun droht sie in den Hüllen der Gier, des Blutdurstes und des Unrechts zu ersticken, mit denen ihr Menschen sie umgeben habt. Seht nur:

Auf keinem anderen Planeten in dieser Galaxie ernährt sich die führende Spezies von den Kadavern der geringeren Tiere. Sie wurden in eure Obhut gegeben, damit sie mit Freundlichkeit behandelt würden und ein Vorbild jener höheren Entwicklungsstufe hätten, die sie selbst eines Tages erreichen werden.
Auf keinem anderen Planeten in dieser Galaxie ist die vorhandene Landmasse künstlich in Flecken zerstückelt, die nur auf der Landkarte und in den Köpfen der Menschen existieren, aber keine natürliche Entsprechung haben.
Auf keinem anderen Planeten in dieser Galaxie hat sich die führende Spezies von uralten Haßgefühlen und oberflächlichen physischen Unterschieden in gegnerische Lager treiben lassen, um zu zerstören, einander zu quälen und zu vernichten.
Auf keinem anderen Planeten in dieser Galaxie wird ein solches Unmaß an Energie dafür aufgewendet, um Waffen zur Verstümmelung und Tötung empfindungsfähiger Lebewesen herzustellen.
Und auf keinem anderen Planeten in dieser Galaxie beharren vernunftbegabte Wesen auf ihrem Zweifel an der Existenz eines Schöpfers, dessen Fußstapfen überall zu sehen sind.

Wir haben diese Makel aufgezählt, um euch daran zu erinnern, wie weit ihr noch gehen müßt. Doch besteht zugleich eine der Absichten dieses

Buches darin, ein besonderes »Programm« vorzustellen, das bereits auf diesem Planeten initiiert wurde und mit dessen Hilfe diese Distanz viel schneller zurückgelegt werden wird, als sich heute irgend jemand unter euch denken kann. Dieses Programm wird in zahlreichen Schriften (die unseren eingeschlossen) die »Zeit der Bedrängnis« genannt, und es wird den Planeten Erde Bedingungen aussetzen, die eine möglichst große Anzahl von Individuen zum Fortschritt und Aufstieg in höhere Reiche des Geistes bewegen werden. Nur so können sie am neuen Zeitalter des Friedens und der Eintracht unter den Menschen teilhaben, welches schon in wenigen Jahren auf diesem Planeten anbrechen wird.

Doch was geschieht mit denen, die sich nicht dazu entschließen können, zusammen mit ihren Geschwistern voranzuschreiten? Was mit denen, die endgültig im Sumpf ihrer eigenen Gier und Grausamkeiten versinken? Es ist in Wahrheit kaum zu erwarten, daß alle auf diesem Planeten die erhoffte Wahl treffen werden. Es zeichnete sich bereits vor mehreren tausend Jahren ab, daß es für einen beträchtlichen Teil der menschlichen Gruppe bereits zu spät sein würde, die nötigen inneren Veränderungen zu vollziehen. Doch sie werden wenigstens die Gelegenheit zur Wahl erhalten.

Letztere wurde (neben anderen Dingen) durch das Leid des Vollkommenen Menschen erkauft, als Er vor zweitausend Jahren ans Kreuz geschlagen und dem Tode überlassen wurde.

Wir werden im folgenden diesen und viele weitere Zusammenhänge erläutern und hoffen, auf diesem Wege wenigstens einige der vielen Menschen zu erreichen, die trotz ihrer Verwirrung und Angst angesichts einer verfallenden Weltordnung ahnen, daß es eine höhere, geistige Betrachtungsweise für die zeitgeschichtlichen Ereignisse geben muß.

Wir möchten eine ausreichend weite Perspektive anbieten, die selbst die der Menschheit bevorstehende einschneidende Krise umschließt. Daher müssen wir zunächst einiges Gedankengut einführen, welches konventionelle Weisheit übersteigt.

Die Menschheit war nicht immer schon auf Myriaden scheinbar voneinander getrennter, bewußter Einzelwesen aufgeteilt. Einst wart ihr alle in einem einzigen Lebensstrom miteinander vermengt, den man mit einer riesigen Wassermasse vergleichen könnte: Er war ruhig, undifferenziert, in sich homogen. Das Wasser war kristallklar und rein - frei von jeglicher Negativität und Verschmutzung. Und auf der ruhigen Oberfläche jener Wesenheit leuchtete das Antlitz des Schöpfers wie das strahlende Licht der Sonne auf den Meeren der Erde. Die glatte Oberfläche des menschlichen Lebensstroms warf das göttliche Licht ohne Verzerrung zurück. Der Lebensstrom existierte in innigster Harmonie mit aller Schöpfung. Er war vollkommen.

Doch kannte er sich selbst nicht. Ja, er wußte nicht einmal, daß er sich selbst nicht kannte. Er hatte kein vom Ursprung seines Daseins unabhängiges Bewußtsein.

Wie alles vom höchsten Schöpfer Geschaffene war dieser Lebensstrom voller unverwirklichter Potentiale: Blickt man auf seine glatte Oberfläche, so ist man zunächst von der vollkommenen Widerspiegelung des göttlichen Antlitzes geblendet. Schützt man jedoch seine Augen gegen den Glanz und blickt in die Tiefen der Wassermasse, so entdeckt man das schillernde Kaleidoskop ätherischer Farben - wie sie tanzend flüchtige Formen bilden. Spüre den unbewußten Drang, Realität zu erleben. Spüre das Verlangen zu wissen, was Sein heißt, und die Stufen des Bewußtseins emporzuklettern bis zu den schwindelnden Höhen geistiger Meisterschaft.

Zeit ist auf der geschilderten Ebene ohne Bedeutung. Da der Leser jedoch im zeitlichen Zyklus gebunden ist, müssen wir die verschiedenen Phasen im Erwachen des menschlichen Lebensstroms so darstellen, als verliefen sie in einer zeitlichen Abfolge, sonst wären unsere Ausführungen unverständlich.

Immer stärker drängt das Spiel der Farben im Innern dieser großartigen Wesenheit, ihr unbewußtes Verlangen, und schließlich wird ein Plan für den geistigen Fortschritt der Wesenheit mit vielen Haupt- und Nebenphasen ausgearbeitet. Zunächst soll die Wesenheit lernen, was es heißt, von der nabelschnurartigen Verbindung und beinahe vollständigen Identifikation mit dem Schöpfer getrennt zu existieren. Man muß wissen, daß ein Ende dieser frühen Phase unbewußten Glücks erwartet wurde, und daß Wesenheiten von unermeßlicher Macht und Weisheit - man könnte sie sich als erste Diener des Göttlichen vorstellen - die feinen Bewegungen und Sehnsüchte sorgfältig beobachteten und einen günstigen Zeitpunkt abwarteten, um dieses Wesen auf sein erstes kosmisches Abenteuer zu schicken: ein Abenteuer, bei dem es lernen würde, was Existieren heißt, indem es bei vollem Bewußtsein *das Dahinschwinden jener Existenz* erfahren würde. Dieses »Lernen durch Entzug« ist eine weitverbreitete Lehrmethode in den geschaffenen Welten, deshalb wollen wir hier etwas näher darauf eingehen.

Man denke an die vielen Lebensumstände, in denen der Entzug, der Verlust oder die Unerreichbarkeit einer Sache gerade das Verlangen nach dieser Sache schürt: der Mann, der eine Frau umso begehrenswerter findet, da sie unerreichbar scheint; der Gefangene, der seine Freiheit erst dann schätzen lernte, als man sie ihm nahm; der Säugling oder das Kleinkind, das gegen den natürlichen Schlafzyklus ankämpft aus Angst, nie wieder aus der Unbewußtheit zu erwachen. Dieses Reaktionsmuster ist aller Schöpfung gemein und wird in unermeßlicher Vielfalt dazu eingesetzt, um Individuen in ihrer Entwicklung entlang den gewählten Pfaden voranzubringen.

Man stelle sich nun einen gewaltigen Gebirgszug vor: die Ehrfurcht gebietenden schneebedeckten Gipfel, den weiten Fall der Flanken und die kargen Oberflächen, auf die Sonne und Regen unablässig niedergehen. Mit der kurzen Lebensspanne eines Menschen verglichen, erscheint die Existenz eines Gebirgszugs ewig. Für das im Innern der geologischen Formation eingeschlossene elementare Bewußtsein jedoch scheinen die Jahrhunderte wie im Fluge zu verstreichen. In einer Verschwörung der Elemente werden die gewaltigen Flanken des Gebirges abgetragen und tiefe Kluften und Wasserwege in die Gebirgskämme geschnitten. Die Essenz der Formation wird vermindert, und das innewohnende Bewußtsein will jedes einzelne Felspartikel an sich halten. Es kämpft gegen den Regen, der sich tief in seinen Körper frißt, kämpft um seinen Zusammenhalt wider die Naturkräfte, die eines Tages die gesamte Formation ins Meer gespült haben werden.

Euer menschlicher Lebensstrom war einmal ein solch elementares Bewußtsein. Die besagten Diener des Göttlichen trafen Vorkehrungen, jene Wesenheit im Zentrum eines gewaltigen Gebirgszugs zu binden, der dem heute von Euch »Himalaya« genannten nicht unähnlich war. Dort verblieb sie viele Jahrtausende und mußte mitansehen, wie ihr »Körper«

unter den Attacken der Sonne, des Regens und des Windes verging - unfähig, sich dem langsamen Abzehren dessen, was sie für ihre »Essenz« hielt, zu widersetzen. Sie lernte die Existenz schätzen, indem sie am eigenen Leibe erfuhr, wie die Basis dieser Existenz (so dachte sie jedenfalls) abgetragen und zerfressen wurde.

Als die Lektion gelernt war, wurde die Wesenheit von dem Gebirgszug getrennt und in die offenen Arme der Gottheit zurückgenommen. Doch ging sie aus dieser Erfahrung der Inkarnation in einen Gebirgszug verändert hervor: Sie hatte jetzt ein bewußtes Verlangen entwickelt fortzubestehen, zu existieren, zu sein. Über viele Jahrhunderte hinweg hatte sie hilflos mitansehen müssen, wie ihr Körper abgetragen wurde, und hatte dadurch in ihrem Innern einen primitiven Trieb entwickelt, ihre Einheit und Ganzheit zu wahren und sich dem Verlust von Teilen ihrer selbst zu widersetzen. Nun war die Zeit reif für die nächste große Lektion, die die physische Realität zu lehren hat: das Verlangen, nicht einfach nur zu *sein*, sondern *besser zu werden.* Es galt, ein Verlangen nach Wachstum, Fortschritt und nach Entfaltung der im Innern angelegten Potentiale zu entwickeln - jener Wesensmerkmale, die sich im flüchtigen Spiel der Farben in den Tiefen des Lebensstroms angedeutet hatten.

Diese nächste große Lektion kam dem Pflanzenreich, genauer gesagt, den Gräsern zu, welche einen Großteil der Landmasse eures Planeten wie auch der vieler anderer bedecken.

Zugegebenermaßen hat Gras kein unerschöpfliches Potential für schnellen Fortschritt: Es wächst, wohin die Samen fallen; sein inneres Programm zur Anpassung und Umwandlung beschränkt sich darauf, die Arterhaltung zu gewährleisten; und es bleibt ihm nichts anderes übrig, als sich wehrlos unter den Hufen der Tiere zertreten zu lassen. Doch hat das Gras im Gegensatz zum Gebirgszug immerhin die Fähigkeit, sich an ungünstige Bedingungen anzupassen. Wird es zertreten, so kann es neue Halme sprießen lassen. Falls das Sonnenlicht von irgendeinem nahen Gegenstand verdeckt wird, kann es höher wachsen, um über den Schatten hinauszureichen. Und selbst wenn ein einzelnes Graspflänzchen mit Wurzel herausgerissen und vernichtet wird, sprießt bald eine neuer Trieb aus dem ausgreifenden Wurzelsystem hervor und nimmt seinen Platz ein.

Als ihr Menschen - ihr alle - in einem sehr frühen Stadium der Erdgeschichte in der Grasdecke dieses Planeten gebunden wart, wart ihr nicht länger ein schlafender Riese. Die Gebirgserfahrung hatte in euch die winzigen Bewußtseinskristalle aktiviert, die der Schöpfer allem Geschaffenen eingepflanzt hat, und im Innersten eures Wesens wußtest ihr, daß ihr existiert. Ihr wußtet, daß ihr von einer gewaltigen Kraft jenseits eures Verstehens geschaffen worden wart, und daß diese Kraft außer euch noch viele andere Dinge gemacht hatte. Zwar hattet ihr keine Augen, Ohren oder andere Sinnesorgane, doch wart ihr sehr wohl imstande, eure Umgebung wahrzunehmen und andere Wesen einzuschätzen, die den Planeten mit euch teilten. Auch konntet ihr in eurem Innern die Essenz dieser anderen Wesen fühlen.

Als erstes erkanntet ihr (und es war ein ziemlicher Schock für euch), daß alles, was euch umgab - die Insekten, Pflanzen, Bäume, Tiere und Hominiden - *höher entwickelt war als ihr.* Die Insekten, Tiere und Hominiden konnten sich alle frei bewegen, während ihr fest an einer Stelle verwurzelt wart. Und selbst die anderen, ähnlich an ein und derselben Stelle verwurzelten Pflanzen, Sträucher und Bäume hatten ein viel breiteres Spektrum an möglichen Wachstumsstrukturen und geometrischen Formen zur Verfügung. Ihr neidetet es ihnen allen, ohne zu erkennen, daß jedes einzelne dieser Wesen - ob allein oder als Teil einer größeren Wesenheit - sich seinen Platz im Kosmos verdient hatte: Jedes von ihnen hatte sich dieser größeren Freiheit wert erwiesen und insbesondere demonstriert, daß es *seine erweiterten Fähigkeiten nicht dazu mißbrauchen würde, andere Arten zu schädigen, zu begrenzen oder zu zerstören.*

Man lese den letzten Satz noch einmal und vergegenwärtige sich die erschreckende Relevanz hier und jetzt auf diesem Planeten - wo eure Rasse täglich beweist, daß sie mit der ihr anvertrauten Macht nicht weise umzugehen vermag. Andere Arten werden auf tragische Weise in ihren Entwicklungsplänen zurückgesetzt durch eure irregeleitete Eile, sie zu schlachten und zu verzehren. Wißt ihr eigentlich die Zurückhaltung erlauchter Wesenheiten - der Wächter des Lebensstroms - zu schätzen, die das menschliche Experiment auf diesem Planeten im Handumdrehen beenden könnten, falls sie sich zu einem solchen Schritt entschließen sollten?

Das erwähnte Prinzip des »Lernens durch Entzug« manifestiert sich auch im täglichen Leben. Es regelt teilweise das »Lern«-Karma und ist eine ausgezeichnete Hilfe bei der Vermittlung genau derjenigen Lektion, die ihr Menschen so dringend lernen müßt. Wir wollen dies veranschaulichen. Angenommen, ein Mensch bewohnte in einem vergangenen Leben einen kräftigen Körper und konnte somit außergewöhnliche physische Leistungen vollbringen und seinen Mitmenschen dienlich sein. Was geschieht nun, wenn er diese Kraft aus freien Zügen mißbraucht, um anderen seinen Willen aufzuzwingen? Oder wenn er sich nicht in der Gewalt hat und tatsächlich einen anderen Menschen umbringt? Angesichts eines solchen Unrechts würden seine geistigen Führer ihm solange einen kräftigen Körper vorenthalten, bis er nachweislich gelernt hätte, eine solche Gabe nicht zu mißbrauchen. Diese Konsequenz wäre ganz unabhängig von dem Vergeltenden Karma, welches er durch die Gewalt und den Zwang gegen andere auf sich geladen hätte.

In dieser frühen Epoche, als ihr die physische Realität durch den Grasteppich der Erde erlebtet, war euch nie zuvor ein Körper oder Gefährt gegeben worden, das mißbraucht werden konnte. Eure einzige Erfahrung war die in dem Gebirgszug gewesen, und wenn auch Tiere und Hominide durch Steinschläge, Lawinen und heimtückische Passagen Schaden nehmen können, so kann doch die Wesenheit im Innern des Berges solche Unglücksfälle nicht willentlich hervorrufen.

Ihr wart jetzt also ein weiteres Mal in einer Lebensform gebunden, in der ihr keinem anderen Lebewesen Schaden zufügen oder ihm Beschränkungen auferlegen konntet. Ihr konntet euch nicht gegen die Insekten und anderen Tiere wehren, die eure Halme fraßen und in euer Wurzelsystem eindrangen. Ob ihr euch dessen bewußt wart oder nicht, ihr lerntet hier Nachsicht - jene große Lektion, sich angesichts der Provokation durch andere Geschöpfe zu beherrschen. Natürlich hattet ihr keine andere Wahl: Ihr konntet den Grasfressern einfach nichts anhaben. Obwohl euer heranreifendes Bewußtsein einige Flecken des Unmuts über den Substanzverlust durch die Tiere und Insekten zurückbehielt, lerntet ihr doch mit der Zeit, die Idee der »Aufopferung für andere« zu akzeptieren. Sie ist Teil der großen Pilgerfahrt durch das materielle Universum, die jedes Geschöpf eines Tages unternehmen muß. Interessanterweise wird das Opfer eines gefressenen Grashalms von einer wertvollen Gabe begleitet: Für wenige Minuten vereinigt sich die »Seelenessenz« des gefressenen Grashalms mit der Seele des grasenden Tiers und kann dadurch die Realität aus dessen höherer Perspektive wahrnehmen. Dies ist wie ein herrlicher Ausblick auf die Schöpfung. Es eröffnet der im Innern des Grashalms eingeschlossenen Seelensubstanz einen Blickwinkel, der ihr normalerweise solange verwehrt bleibt, bis ihre Entwicklungsstufe sie zu einem eigenen Tierkörper berechtigt.

Als die Wächter eures Lebensstroms sahen, daß ihr die Lektionen der Graserfahrung zur Genüge gelernt hattet, wurdet ihr ein weiteres Mal abberufen. In dieser Ruheperiode konntet ihr die gerade abgeschlossene Erfahrung in euer Wesen integrieren. Allerdings trugt ihr jetzt auch ein gewisses Maß an unaufgearbeiteten Haßgefühlen in euch, und somit hatte ein Teil eures Lebensstroms eine negative Einstellung zur materiellen Existenz entwickelt. Das nächste große Abenteuer auf physischer Ebene wurde nun so eingerichtet, daß diese dunklen Flecken die Art der bewohnten Lebensform beeinflussen konnten. Dies ermöglichte den Wächtern, den Grad der entstandenen Verunreinigung genau abzulesen.

Doch natürlich erinnert ihr euch nicht mehr an die Dinosauriererfahrung - ebensowenig, wie ihr euch an die Gras- oder Gebirgserfahrung erinnert. Die Schilderung einiger eurer frühen Streifzüge soll hier nicht dazu dienen, eurem Gedächtnis auf die Sprünge zu helfen. Wir wollen lediglich verdeutlichen, wie die Finsternis überhaupt erst in euch eindringen konnte. Es wird euch helfen, die Manifestation derselben Finsternis in der heutigen Welt zu verstehen.

Jedenfalls erlebtet ihr das nächste Abenteuer im materiellen Universum in den Lebensformen der verschiedenen Echsen, die ihr heute »Dinosaurier« nennt. Diese Geschöpfe waren so beschaffen, daß euer Lebensstrom einen Evolutionsprozeß in den verschiedenen Arten hervorzubringen vermochte: Er konnte sie so anpassen, daß sie immer mehr die wahre Natur der innewohnenden Wesenheit widerspiegelten. Zu diesem Zweck mußte er sich jedoch zunächst daran gewöhnen, auf Millionen voneinander getrennter Einzelwesen aufgeteilt zu sein. Dieses Aufbrechen seiner Wesenseinheit war zwar teilweise durch die Graserfahrung bereits vorweggenommen worden, doch war die Trennung diesmal deutlich ausgeprägter.

Anfangs gab es nur wenige, ziemlich kleine Dinosaurier, so daß euer Lebensstrom weitgehend integriert auf einer höheren Ebene verbleiben konnte und nur ein kleiner Teil sich der schmerzvollen Trennung unterziehen mußte. Doch allmählich, als sich euer Lebensstrom an die Fragmentierung zu gewöhnen begann, wurden die Echsen immer größer. Außerdem gefiel euch die physische Erfahrung dieser Geschöpfe immer besser. Ihr liebtet die rohe Körperkraft der größeren Arten, die Freiheit im Gleiten der verschiedenen Flugsaurier und das Machtstrotzen des Fleischfressers, wenn die Beute vor ihm in alle Richtungen davonjagt. Da euer Lebensstrom die Evolution der verschiedenen Arten unmittelbar beeinflußte, konnten die Wächter genau sehen, wieviel Finsternis ihr wirklich in euch trugt. Es waren im wesentlichen jene finsteren Stellen, die die fleischfressenden Arten herausbildeten, und somit lieferte der Anteil eures Lebensstroms, der sich in diese Untiere inkarnierte, ein exaktes Maß für eure Negativität.

Zu einem späteren Zeitpunkt, als bereits der gesamte Lebensstrom im Dinosaurierreich inkarniert war, befanden die Wächter dann, daß sie genug über eure Schattenseiten wußten, und da sie feststellten, daß sich die dunklen Flecken während des Dinosaurierexperiments sogar *weiter ausgebreitet hatten,* zitierten sie euch auf die höheren Ebenen zurück.

Doch wolltet ihr nicht gehen. Die Dinosauriererfahrung hatte euch gepackt. Natürlich starben die einzelnen Tiere, und ihre geistige Essenz wurde freigesetzt. Doch gab es keinen »Hauptkorpus« des Lebensstroms, der diese Essenz in sich aufnehmen und binden konnte, und entsprechend verblieb sie einfach nahe der irdischen Ebene, bis ein neuer Tierkörper zur Geburt bereit war und bewohnt werden konnte.

Die Wächter hatten vorgesehen, die verschiedenen Saurierarten durch schrittweisen Abzug des innewohnenden Lebensstroms weniger lebensfähig werden und aussterben zu lassen. Wie sie wußten, hätten die Körper mit dem Schwinden der Essenz genetische Fehler und Schwächen entwickelt, und dies hätte schließlich zum Aussterben der Saurier geführt.

Doch wolltet ihr nicht gehen - und die Wächter wollten nichts erzwingen. Sie hätten ohne weiteres alle Fragmente eures Lebensstroms aus den verschiedenen Dinosaurierarten abberufen können, doch wollten sie den Unwillen, der in euch bereits seine Schatten geworfen hatte, nicht durch gewaltsames Vorgehen noch vergrößern.

Entsprechend wurde die Freisetzung eures Lebensstroms so arrangiert, daß es nicht offensichtlich würde, wer dafür verantwortlich war. Ein

Asteroid sollte den Planeten in einer Gegend treffen, in der keine Dinosaurier lebten. Eine riesige Staubwolke würde sich über einen Großteil der Erdoberfläche ausbreiten und das Sonnenlicht abschirmen. Die Temperaturen würden schnell unter den Gefrierpunkt fallen und die Saurier, die auf tropisches Klima angewiesen sind, aussterben.

Der Rest ist Geschichte. Eure Wissenschaftler wissen, daß die Dinosaurier-Ära ein ziemlich abruptes Ende nahm, und es gibt einen wissenschaftlichen Streit, ob dieses Aussterben durch übermäßige vulkanische Tätigkeit oder durch den Einschlag eines Asteroiden verursacht wurde. Wir wollen auf diesen Streit hier keinen Einfluß nehmen - er ist für uns hier nicht von Bedeutung. Das Dinosaurierexperiment hätte ebensogut durch übermäßige vulkanische Tätigkeit beendet werden können, doch hätte dies der Erdwesenheit weitaus größere Unannehmlichkeiten bereitet.

Der vorausgegangene Bericht über die frühesten Unternehmungen eures Lebensstroms auf der materiellen Seinsebene wird einige Leser höchst phantastisch anmuten. Wir können hier weder einen unanfechtbaren Beweis dafür liefern, daß diese Erfahrungen tatsächlich stattgefunden haben, noch wollen wir Skeptiker zum Glauben bekehren - denn jeder muß frei sein, nach eigenem Ermessen anzunehmen oder abzulehnen. Trotzdem ist es interessant, über die Spuren nachzudenken, die jedes dieser Abenteuer im »Seelengedächtnis« der Menschen hinterlassen hat.

Man denke zunächst an die Gebirgszüge, die einen Großteil der Erdoberfläche bedecken. Nur wenige erfüllt der Anblick dieser erhabenen schlafenden Riesen nicht mit Ehrfurcht. Eindringlich sprechen sie zu den Herzen der Menschen: Bittet den Geist unermüdlich, euch höhere Perspektiven zu eröffnen. Nehmt festen Willens den aufwärtigen Pfad in Angriff, und laßt die kleinlichen Sorgen des Alltags zurück. Viele fühlen sich zu diesen allgegenwärtigen »Weg-Weisern« hingezogen. Sie nehmen die Herausforderung des Berges an und erklimmen ihn buchstäblich bis zum Gipfel. Nur die wenigsten von ihnen sind sich bewußt, daß sie im Innersten ihres Wesens ein »Vor-Bild« für ihre geistige Entwicklung legen. Es wird für viele künftige Inkarnationen vorhalten wird. Andere möchten in den Bergen leben - vielleicht nicht gerade auf dem Gipfel, aber doch hoch oben, wo die Luft klar, die Sonne kräftig und das Wasser belebend und frisch ist. Manche Menschen richten es so ein, sich beispielsweise in ein Bergvolk in Nepal oder Tibet zu inkarnieren. Andere werden im Tal geboren, können jedoch dem Drang nicht widerstehen, in größere Höhen zu ziehen. Nur wenige wissen, daß solche Neigungen auf die vielen Jahrtausende zurückgehen, in denen der menschliche Lebensstrom selbst an ein mächtiges Gebirge gebunden war.

Danach kam die Graserfahrung, als das einfache Bewußtsein eines Lebensstroms über Millionen von Quadratkilometern auf diesem Planeten ausgebreitet war. Minutiös auf Billionen und Aberbillionen winziger Grashalme aufgeteilt, war es dennoch ein Ganzes und wirkte als einheitliches Bewußtsein, da jeder Grashalm über das Wurzelsystem mit allen anderen verbunden war. Sollte da wirklich diese Erfahrung in der Seele der Menschheit keine Spuren hinterlassen haben? Denkt nur an die vielen Millionen Menschen, die ihr Anwesen mit Rasen zieren. Wesen mit einer anderen Seelengeschichte mögen sich über die Wahl wundern, die endlose grüne Farbe eintönig finden und wenig Verständnis haben für die Zeit, die die Menschen mit der Pflege ihres Rasens zubringen. Es wäre doch viel einfacher, alles durch Kies oder Holzstückchen zu ersetzen. Aber nein - die beruhigende Farbe dieses lebendigen Teppichs rührt in der menschlichen Seele an ferne Erinnerungen. Denn ihr Menschen seid Teil einer großen Wesenheit, die sich einst mit Allem in Allem noch eins wußte.

Auch die Farbe der Gräser auf diesem Planeten ist nicht zufällig. Im allgemeinen Schema der natürlichen Bedeutung von Farben entspricht Grün dem Intellekt und seiner Fähigkeit zu planen, zu berechnen und zu verstehen, während zum Beispiel die Rot-, Orange- und Ockertöne die physische Erfahrungsebene kennzeichnen und die blau-violetten Wellenlängen bestimmte Aspekte des emotionalen Lebens. Bereits in jener grauen Vorzeit der Graserfahrung stand fest, daß dieser besondere Lebensstrom viel später einmal ein »menschliches« Stadium durchlaufen sollte, in dem die Entfaltung der mentalen Fähigkeiten besonders wichtig wäre. Nur ein geschulter Intellekt kann die höheren kosmischen Gesetze verstehen, denen Karma, Wiedergeburt und die Entwicklung der Seele unterliegen. Dies soll euch Menschen durch die grünen Gräser ständig vor Augen gehalten werden - besonders im gegenwärtigen Stadium der Reise, wo so vieles die Unvorsichtigen hinters Licht führen, die Nachzügler abfangen und jene in ihrer Entwicklung aufhalten kann, die sich einbilden, das Leben habe keinen Sinn und es gebe keine höhere Ordnung im Kosmos.

Doch am interessantesten ist das Vermächtnis, das euch über Jahrmillionen hinweg aus der Epoche der Dinosaurier zukommt. Welches Kind - besonders in der westlichen Welt - ist nicht fasziniert, wenn es entdeckt, daß diese Riesenechsen einst das Land, die Meere und die Lüfte beherrschten? Was ist der Grund für diese so verbreitete Begeisterung? - Wir haben unsere Erklärung gegeben und möchten uns bei diesem Punkt nicht länger aufhalten. Die bloße Erwähnung der Möglichkeiten hatte bereits den gewünschten Effekt auf den Leser - sie sollte ihn mit der Idee des stetigen Fortschritts in den materiellen Welten vertraut machen. Jedes Entwicklungsstadium legt dabei die Ausgangsbasis für das nächsthöhere, und alle Stadien greifen zur Erlangung des Gottesbewußtseins in noch unbestimmter Zukunft ineinander.

Die Fragmente des menschlichen Lebensstroms, die die verschiedenen Saurierformen bewohnten, waren im allgemeinen viel größer als die heute in den menschlichen Formen inkarnierten. So war zum Beispiel jeder einzelne Brontosaurus (die »Donnerechse«) von einer Menge an Geiststoff beseelt, die mehreren hundert heutigen Menschenseelen entspricht und im wesentlichen undifferenziert war. Außerdem ist jeder der heutigen Menschen unter anderem aus Fragmenten von *mehreren verschiedenartigen* Sauriern zusammengesetzt. Daher wäre zum Beispiel die Annahme, daß der »Seelenstoff« eines bestimmten Mörders vollständig einem Tyrannosaurus rex entstammt, höchstwahrscheinlich nicht korrekt. Es kann sogar davon ausgegangen werden, daß alle gegenwärtig inkarnierten Menschenseelen einen gewissen Anteil am Blutvergießen jenes fernen Zeitalters haben: Jede von ihnen trägt einen - wenn auch mitunter nur kleinen - Teil der Seelenessenz eines oder mehrerer Raubtiersaurier in sich.

Wir wollen diesen Sachverhalt an einem vereinfachten Beispiel veranschaulichen. Man stelle sich den Lebensstrom als riesigen Kuchen vor. Der gesamte Kuchen war ohne bedeutendere Fragmentierung in dem Gebirgszug gebunden gewesen. Mit der Graserfahrung wurde er dann auf Myriaden winziger Bewußtseins»kristalle« aufgeteilt, die an sich völlig voneinander getrennt waren. Da sie jedoch alle über das dichte Netzwerk von Wurzeln (ja, über den Körper der Erde selbst) miteinander kommunizierten, wurde das Gefühl der Einheit beinahe vollständig wiederhergestellt. Am Ende der Grasphase lösten sich dann die Kristalle wieder in dem großen Kuchen wie Schneeflocken, die bei Tauwetter in einer Pfütze miteinander verschmelzen. Für die Dinosauriererfahrung waren nun die Portionen, auf die der Kuchen aufgeteilt wurde, sehr viel größer - wenn ihre Größe auch erheblich variierte. Diese Phase wurde infolge des Asteroideneinschlags beendet, als die Seelenfragmente durch den Temperatureinbruch aus den Dinosaurierkörpern herausgezwungen wurden. Die Fragmente verschmolzen erneut zu jener Einheit, die wir mit einem Kuchen verglichen haben. Doch gab es diesmal bestimmte Erfahrungen und Gewohnheiten, die ungelöst blieben, und daher mußte eine gezielte Umverteilung durchgeführt werden. Wir möchten dies etwas näher erläutern und dabei erneut auf die Kuchenanalogie zurückgreifen.

Angenommen, es hätte nur drei Dinosaurierarten gegeben: den riesigen im Wasser lebenden Plesiosaurier, dessen Art von der Hälfte des Kuchens beseelt wurde, sowie den Tyrannosaurus rex und den Stegosaurus mit je einem Viertel des Kuchens. Der im Wasser lebende Plesiosaurier dürfte mit den beiden anderen kaum Kontakt gehabt haben, doch der Tyrannosaurus rex attackierte den Stegosaurus regelmäßig und fraß Teile seines Körpers. Mit dem plötzlichen Abruf brächten diese drei Portionen des Kuchens dann unterschiedliche Erfahrungen zurück: Der Plesiosaurier hätte wahrscheinlich eine positive Einstellung zur Inkarnation in die materielle Welt entwickelt - er war ja niemals angegriffen worden, hatte immer reichlich Nahrung gehabt und konnte sich der Bewegungsfreiheit der Meere erfreuen. Der Tyrannosaurus rex hätte wahrscheinlich einen gewissen Machthunger und Gelüste nach dem Geschmack des Fleisches verinnerlicht, während der arme Stegosaurus die meiste Zeit damit verbracht haben dürfte, vor dem Tyrannosaurus rex zu fliehen. Er wäre für sich zu dem Schluß gekommen, daß die physische Inkarnation ihre Nachteile hat, und würde kaum zur materiellen Ebene zurückkehren wollen.

Wie gesagt, behielt jede dieser drei Portionen beim Zusammenfließen nach der Kollision mit dem Asteroiden einen Rest individuell verschiedener Einstellungen und Erfahrungen zurück, die sich nicht wieder vollständig in dem Ganzen lösten. Daher mußten die Wächter des Lebensstroms ein Schema zur gleichmäßigen Verteilung der verschiedenen Wesensmerkmale entwickeln, und dieses Schema gipfelte in der gegenwärtigen Phase »menschlicher« Erfahrung. (Man muß im Auge behalten, daß es sich hierbei um eine grobe Vereinfachung der tatsächlichen Verhältnisse handelt. In Wirklichkeit gab es viele relativ kurze Übergangsstadien, die zwischen diesen zentralen Erfahrungen vermittelten und in der Regel nicht den gesamten Lebensstrom betrafen.) Es galt, die großen in den Sauriern inkarnierten Portionen des Seelenstoffs auf zahlreiche kleinere Fragmente umzuverteilen, die dann die menschlichen Individuen beseelen sollten. Dies mußte jedoch so erfolgen, daß ein möglichst großer Anteil des Seelenstoffs einen ausreichenden Grad an Reinheit erlangen würde, um den Pfad der Entwicklung fortsetzen zu können. Dies mag verwirrend klingen, doch werden ein paar vereinfachte Beispiele den Sachverhalt verdeutlichen. Angenommen, die Wächter hätten vor der Aufgabe gestanden, nur zwölf Menschenseelen aus den Dinosaurierfragmenten zu machen, und sie hätten dazu den Plesiosaurier in 6 Teile, die beiden anderen aber in je 3 Teile aufgeteilt. (Die Spezies des Plesiosauriers hatte ja die Hälfte des Lebensstroms verkörpert, die beiden anderen Arten je ein Viertel.) Dann würden die 6 aus dem Plesiosaurier gebildeten Menschen wahrscheinlich jene Haltung des Vertrauens und der Freude an den Tag legen, die diesem Geschöpf eigen war, und sie würden entsprechend positiv durch die menschliche Phase voranschreiten. Die anderen Menschen jedoch, die aus dem Tyrannosaurus rex hervorgegangen wären, würden viel von der Negativität dieses Fleischfressers in sich tragen und wahrscheinlich zu Herrschsucht, Brutalität und Gefühllosigkeit neigen. Solche Eigenschaften müßten vollständig in positive umgewandelt werden, bevor echter seelischer Fortschritt zu erwarten wäre. Und die 3 Menschen, deren Essenz von dem Stegosaurus stammte, würden wahrscheinlich die Ängstlichkeit, den Pessimismus und die Wehklage dieses unglücklichen Tieres verkörpern. Auch diese müßten hart daran arbeiten, ihre negativen Einstellungen zu überwinden, um aus der menschlichen Phase ihrer Erfahrung in der materiellen Welt Nutzen ziehen zu können. Schlimmstenfalls würden vielleicht nur 6 von 12 Menschen aus diesem Entwicklungsabschnitt in einer Verfassung hervorgehen, die ihnen das Voranschreiten zur nächsthöheren Stufe ermöglicht. Alle anderen müßten in den großen Schmelztiegel der Seelensubstanz zurückgezogen werden, wo ihre Essenz wieder gelöst, gereinigt und von allen persönlichen Merkmalen und Eigentümlichkeiten befreit werden würde, welche ein Individuum vom anderen unterscheiden. (Schließlich würde der gereinigte Seelenstoff dann von neuem als Lebensstrom in die Materie projiziert, doch müßte diese neugeschaffene Wesenheit alle Entwicklungsphasen noch einmal ganz von vorn durchschreiten, und keine der im vorangegangenen Zyklus unternommenen Anstrengungen wäre ihr dabei von geringstem Nutzen.

Wir wollen nun eine alternative Lösung zu dem Puzzle durchspielen, mit dem die Wächter eures Lebensstroms konfrontiert waren. Auch diesmal sollen aus drei Dinosaurierfragmenten zwölf Menschenseelen gemacht werden. Doch teilt man jetzt die Essenz des Plesiosauriers auf 12 gleich große Portionen auf, und die des Tyrannosaurus und des Stegosaurus auf je 6 gleich große Portionen. Jede Portion entspräche dann einem 24stel des gesamten Lebensstroms, und die 12 Menschenseelen könnten je einen »positiven« Anteil von dem Plesiosaurier und einen »negativen« von entweder dem Tyrannosaurus oder dem Stegosaurus erhalten. Mit den Initialen P, T und S für die verschiedenen Dinosaurierarten ergäben sich dann sechs P-T-Seelen und sechs P-S-Seelen. Jede Seele hätte die positive Beigabe eines P-Segments und die negative eines T- oder S-Segments. Somit hätte jede menschliche Seele annähernd die gleichen Erfolgsaussichten bei der Umwandlung der inneren Negativität, und jede erführe die gleiche Unterstützung aus dem Plesiosaurier-Erbe. Die Wächter wägten ab: Falls diese Seelen eine geeignete Zusammenstellung von Erfahrungen durchleben würden und zugleich ausgewählte »Opferleben« freiwilliger fortgeschrittener Wesenheiten (Jesus, Mutter Theresa, verschiedene andere Heilige) zum Vorbild hätten, sollten wohl die meisten oder sogar alle von ihnen erfolgreich aus der menschlichen Phase ihrer Reise hervorgehen.

Der Leser wird nun eine beliebige Anzahl alternativer Verteilungsmuster durchspielen können, nach denen sich die Essenz der drei Dinosaurier auf zwölf Menschenseelen aufteilen ließe, daher brauchen wir hier keine weiteren Beispiele geben. Am wichtigsten ist, daß jeder von euch sowohl positive als auch negative Eigenschaften geerbt hat - nicht nur aus euren eigenen früheren Leben, sondern auch aus eurem Anteil an den Pflanzen- und Tiererfahrungen vor der menschlichen Phase. Wie wir bereits angedeutet haben, gingen weitere »Abenteuer« im Tier- und Pflanzenreich der menschlichen Phase voraus oder verliefen parallel zu ihr, doch sind die oben besprochenen die wichtigsten, und ihnen kommt der größte Einfluß auf den Lebensstrom zu.

* * * * * * *

Wir wollen nun zum Ausgangsproblem zurückkehren. Trotz zahlreicher Gelegenheiten, neue Wege zu beschreiten und nach höheren und umfassenderen Prinzipien als Grundlage für ihr Handeln zu suchen, haben viele Menschenseelen die Aufgabe der Selbsterlösung nicht im geringsten bewältigt. Vor dem Leben der Wesenheit, die ihr auf der Erde Jesus nennt, gingen die Wächter davon aus, daß diese Nachzügler wieder von der Einen Quelle aufgesogen und gereinigt werden müßten, um dann erneut in das Gewebe der Materie gepflanzt zu werden und noch einmal ganz von vorne bei jenem unbewußten und unverwirklichten Zustand anzufangen. Doch hatte der Meister Mitleid mit den Unglücklichen. Er kannte die Schwierigkeiten, die ihnen widerfahren waren, denn Er war selbst den Pfad der Versuchung gegangen. Auch Er hatte auf der menschlichen Seinsebene um Reinigung gekämpft und die bitteren Schläge der Vergeltung gekostet für Taten, die gegen die kosmischen Gesetze verstießen. Er ersuchte daher die Wächter, all denen noch eine letzte Chance zu geben, die die Prüfung nicht bestanden hatten. Er gab sich selbst dafür als Gegenleistung. Er bot an, auf schmachvolle Weise zu sterben - ans Kreuz geschlagen vor den Augen der Menschen, um deren Erlösung er sich bemühte, anstatt in einer verborgenen Krypta getötet zu werden, wie ursprünglich geplant war. Die letzte Gelegenheit für jene Seelen auf eurem Planeten ist kurz vor dem Höhepunkt. Sie wird »Zeit der Bedrängnis« genannt, und alle, die ihre finsterste Phase lebend auf diesem Planeten verbringen, werden ihren Stachel spüren.

Die christlichen Kirchen ermahnen die Gläubigen, daß »Christus für unsere Sünden starb«. Angesichts der vorausgegangenen Darlegungen ist nun verständlich, daß Er tatsächlich einen Teil des durch »Sünde« verursachten Karmas der Menschheit auf sich nahm - andernfalls wäre sein Angebot nicht akzeptiert worden.

Das Opfer des vollkommenen Menschen hat zu einem enormen Anstieg der Weltbevölkerung im 20. Jahrhundert geführt. Etliche verlorenen geglaubte, aussichtslos umherirrende Seelen, die durch ihre eigene Finsternis zum Aufenthalt in den untersten Astralebenen verurteilt waren, wurden aus ihren selbstgebauten Gefängnissen befreit und an neue Körper gebunden, um mit der Geburt in die physische Ebene einzutreten. Man muß sich darüber im klaren sein, daß die meisten von ihnen entsetzliche Grausamkeiten, Morde und Exzesse aller nur erdenklichen Art hinter sich haben. Physische Leben, um die ihre Engel inständig gebeten hatten, brachten sie damit zu, ihren Mitmenschen Gewalt anzutun, sie zu hintergehen und betrügen und unter ihren Launen leiden zu lassen. Daher konnte ihnen nicht gestattet werden, sich in die geschützten Regionen dieses Planeten zu inkarnieren (allgemein die westlichen Demokratien, insbesondere Kanada und die Vereinigten Staaten), welche Individuen vorbehalten sind, die stetigen seelischen Fortschritt gemacht und deutlich zum Wohl und zur geistigen Entwicklung ihrer Mitmenschen beigetragen haben.

Dies ist der Grund dafür, warum gerade diejenigen Länder und Regionen die höchsten Geburtsraten aufweisen, die eine schnell anwachsende Bevölkerung am wenigsten verkraften und unterhalten können. Nur in ein solches Elend hinein dürfen sich diese unglücklichen Seelen inkarnieren. Einigen von ihnen ist nur ein kurzes Leben gestattet, während andere eine längere Erfahrung verdienen. Hunger, Krankheit und Krieg sind ihre ständigen Begleiter. Ihr Leben ist freudlos und bietet wenig Gelegenheit zu tiefgreifenden Veränderungen auf den inneren Ebenen. Natürlich wird von einem solchen kurzen Aufenthalt keine vollständige Abkehr von jahrhundertealten Gewohnheiten erwartet. Er gibt der Seele lediglich die Gelegenheit, noch einmal die nährende Erde zu berühren, die lebensspendende Luft zu atmen und sich in der Sonne zu wärmen, mit der der Schöpfer seine Kinder großzügig segnet. Im krassen Gegensatz dazu stehen die Bedingungen der Armut, der Krankheit, des Hungers und der Zwietracht, die solche Seelen auf allen Seiten umgeben. Es sind genau diejenigen Lebensumstände, die ihr Verhalten in aller Regel nach sich zieht - im Einklang mit einem universellen Gesetz, nach welchem die umgebende Realität eines Individuums den inneren Zustand seines Kopfes und Herzens widerspiegeln muß. Die Hoffnung geht dahin, daß diese Erfahrung - wie kurz sie auch sein mag - im einzelnen den Wunsch wecken wird, sich von alten Verhaltensmustern abzuwenden. Dann kann nach dem Tode eine unserer »Rettungsmannschaften« Kontakt mit ihm aufnehmen.

Wir haben diesen Prozeß etwas genauer beschrieben, um eine einsichtige Erklärung für Verhältnisse zu geben, die viele Menschen voller Entsetzen betrachten. Es ist wichtig zu erkennen, daß Elend und Tod hier Teil eines Plans sind, der mit Sicherheit zur Erlösung und Rettung vieler Seelen führen wird, die auf keinem anderem Wege zu erreichen gewesen wären.

Deswegen sollte sich jedoch niemand weigern, Maßnahmen zur Milderung der Not in der dritten Welt zu ergreifen. Hilfs- und Rettungsprogramme sind Teil eines umfassenderen Plans für die dort inkarnierten Seelen. Als Nutznießer solcher Hilfsbereitschaft können sie das Mitgefühl, die Uneigennützigkeit und die Fürsorge beobachten, die Merkmale einer fortgeschrittenen Seele sind.

Wir möchten bei dieser Gelegenheit alle Leser dringend darum bitten, alles nur Erdenkliche zu tun, um das Leid in der Welt zu lindern. Falsch wäre es anzunehmen, man solle Leid zulassen, da dies in irgendeiner Weise dem seelischen Fortschritt der Leidenden diene. Man überlasse solche Erwägungen den Wächtern des Lebensstroms. Deine Aufgabe besteht darin, aus Liebe und Mitgefühl zu handeln, wie sie der Meister so vollkommen verkörperte, denn dadurch schreitest du nicht nur selbst voran, sondern hilfst zugleich auch anderen durch dein Vorbild.

Wir haben die Verhältnisse erwähnt, in denen sich Seelen wiederfinden, die ein Leben lang anderen Gewalt angetan und ihnen ihren Willen aufgezwungen haben. Der Leser sollte sich unbedingt darüber im klaren sein, daß das Verfahren, mittels dessen Seelen in eine solche Umgebung gelangen, ein rein automatisches ist. Kein Urteil oder Gericht erlegt ihnen dieses auf. Hier haben wir eines der großen Wunder der geschaffenen Welten: Ihre Gesetze wirken auf allen Ebenen und Unterebenen weitgehend selbsttätig, also ohne das Eingreifen oder die Entscheidung irgendeiner Wesenheit.

Sicher kennt der Leser die Redensart »gleich und gleich gesellt sich gern«. Auf diesem Prinzip beruht im Kern der Prozeß, durch den Seelen nach dem Tode zu den verschiedenen Astralebenen hingezogen werden. Die Astralwelt ist in sieben Hauptebenen unterteilt, von denen jede aus mehreren Unterebenen besteht. Die oberen fünf Hauptebenen sind von Licht und Wärme erfüllt und Seelen verwandt, die in ihrem irdischen Leben anderen weitergeholfen und sich für sie aufgeopfert haben. Die zweitunterste Ebene ist ein Zwischenhalt für die, die ernstliche Probleme oder Störungen im Umgang mit anderen haben. Die unterste Hauptebene hingegen, die in ihrer Schwingungshöhe der physischen Ebene am »nächsten« ist, zieht diejenigen Seelen an, die sich anderen gegenüber unentwegt böswillig und grausam verhalten haben - gleich ob mit Worten, emotional oder physisch. Solches Verhalten während des irdischen Lebens läßt den Astralleib (also den Körper, den die Seele nach dem physischen Tode bewohnt) so sehr verrohen, daß sich diese Seelen an keinem anderen Ort wohl fühlen werden als auf der untersten Astralebene. Nähme man eine von ihnen und zwänge sie zum Aufenthalt auf einer der fünf oberen Ebenen, so würde man ihr wegen der dortigen Intensität des Lichtes unbeschreibliche Qualen bereiten. Ihre Schwingungsrate ist einfach nicht auf eine solche Umgebung abgestimmt. Seelen auf dieser untersten Ebene, besonders die kürzlich eingetroffenen, unternehmen gelegentlich den Versuch, in die höheren Regionen vorzudringen, weil sie sich vorstellen, dort glücklicher zu sein. Sie erfahren schnell, warum ein solcher Umgebungswechsel nicht stattfinden kann.

Wir werden nun die Geschichte eines auf Abwege geratenen Menschen erzählen, der in einem Leben der Gewalt seinen Schwager ermordet hat und jetzt der Hinrichtung entgegensieht. Wir wollen davon ausgehen, daß dieser Mensch keine besonderen Anschauungen über den Sinn des Lebens hatte und davon überzeugt war, daß nach dem Tode alles zu Ende sei und das Bewußtsein in keinerlei Form weiterexistiere. Zu Lebzeiten wurde er vornehmlich von seinen rohen Begierden beherrscht. Wenn andere ihm in den Weg gerieten, entledigte er sich ihrer mit Gewalt.

Eigentlich hieß er Gerald Stokes Bennett, doch seine Klassenkameraden nannten ihn einfach Stoker. Er war groß für sein Alter und kräftiger gebaut als die, die ihm an Größe gleichkamen. Schon früh lernte er, Schwächeren seinen Willen aufzuzwingen, und sein Verhalten änderte sich keineswegs, als er älter wurde. Noch bevor er volljährig war, hatte er bereits drei Menschen, die sich nicht von ihm herumkommandieren lassen wollten, zu Krüppeln geschlagen. Launisch und reizbar, wie er war, erhitzte sich sein Gemüt, wann immer ihm sein Wille versagt blieb, und er hatte den Ruf eines Menschen, den es auf alle Fälle zu meiden galt. Den Alkohol entdeckte er während seines Zwangsaufenthalts in einem Heim für schwererziehbare Kinder, und Trunkenheit steigerte nur noch die Destruktivität seiner Ausfälle.

Einige Jahre schien es, als lüftete sich die Aussichtslosigkeit, die über seinem Leben lag, ein wenig. Mit neunzehn Jahren fand er durch einen seiner Heimlehrer eine Lehrstelle in der Autowerkstatt. Autos hatten ihn schon immer fasziniert, und er zeigte großes Interesse und auch eine gewisse Begabung für diese Arbeit. Er trank nicht mehr so oft und bemühte sich, seine Launen in den Griff zu bekommen. Zu seiner Besserung trug vor allem auch Laura bei - ein schüchternes, vertrauensvolles Mädchen, das er auf der Rollerskatebahn kennengelernt hatte. Laura konnte nie verstehen, warum sie sich auf die Ehe mit Stoker eingelassen hatte. Sie wußte nur zu gut, daß seine rauhen, harten Züge etwas Sadistisches hatten und seine Brutalität nicht nur Männern vorbehalten war. Sie fand ihn faszinierend und abschreckend zugleich, und vielleicht hatte sie einmal geglaubt, seinen Zorn besänftigen zu können.

Natürlich war sie sich nicht bewußt, daß sie angeboten hatte, sich einige Jahre nach Stoker zu inkarnieren und schließlich seine Frau zu werden in der Hoffnung, daß etwas von ihrer sanftmütigen Art auf ihn abfärbte. Dies geschah nicht, und bereits wenige Monate nach ihrer Hochzeit fing Stoker wieder an, heftig zu trinken. Nachdem er wiederholt mit den anderen Arbeitern und dem Werkstattinhaber gestritten hatte, wurde er schließlich gefeuert. Er begann, Laura körperlich zu mißbrauchen, und drohte ihr mehrere Male, sie zu erwürgen. Einmal ging Lauras jüngerer Bruder Steve dazwischen, um seine Schwester vor Stokers Raserei zu schützen, und wurde dafür bewußtlos geschlagen. Aus Angst um ihre Sicherheit wollte Laura ausziehen. Steve versprach, ihr mit seinem Transporter zu helfen, und sie machten heimlich ab, daß Laura ihn anrufen würde, sobald ihr Mann für einige Stunden aus dem Haus zu sein schien. Etwa zwei Wochen später ging Stoker dann in die Stadt, um einige Besorgungen zu machen, und Laura rief sofort ihren Bruder an. Sie waren gerade mitten beim Einladen, als Stoker zurückkehrte. Er hatte irgendeinen Zettel liegengelassen. In einem Anfall von Wut attackierte er Laura mit Fäusten. Steve ging ein weiteres Mal dazwischen, doch schmächtig, wie er war, hatte er Stoker wenig entgegenzusetzen. Der stämmige Mann drückte ihn nieder und schlug wieder und wieder auf ihn ein. Entsetzt rannte Laura zu den Nachbarn und rief die Polizei. Die kam wenige Minuten später und nahm Stoker wegen Tätlichkeit fest, doch lautete die Anklage auf Mord, als bei der Ankunft im örtlichen Krankenhaus Steves Tod festgestellt wurde. Nach dem Prozeß und der Hinrichtung zog Laura zu ihren Eltern zurück und versuchte, ihre Ehe und ihren Bruder zu vergessen.

* * * * * * *

Um 9:40 Uhr an einem trüben Dienstagmorgen im November öffneten der Exekutionsbeamte, zwei kräftig gebaute Gefängniswärter und ein Priester von der örtlichen katholischen Kirche die Tür zu Stokers Zelle. Sie führten den Todeskandidaten durch einen langen, hallenden Gefängniskorridor. Stoker hatte sich mit seinem Schicksal abgefunden und blieb hart gesotten bis zum Schluß. Der nahe Tod hatte nichts an seiner trotzigen, pöbelhaften Art geändert. Er hoffte nur, daß die Hinrichtung kurz und schmerzlos über die Bühne gehen würde.

In der Todeszelle angekommen, schnallten die Wärter ihn auf dem Stuhl fest und befestigten die Elektroden. Der Priester stand neben ihm und murmelte unentwegt den 23. Psalm. Hinter den Fenstern auf einer Seite der Kammer konnte Stoker ein halbes Dutzend Gesichter sehen. Sie gehörten vermutlich Reportern und Fotografen. Es war die erste Hinrichtung in diesem Staat seit fünf Jahren, und die Medien hatten bereits einige Wochen über den Fall berichtet. In der Decke der Kammer befand sich ein kleines Oberlicht mit einer gesprungenen schmutzigen Glasscheibe, durch die ein trübes Licht schräg in die Kammer fiel.

Totenstille. Die große Wanduhr unmittelbar vor Stoker tickte langsam, als der Augenblick herannahte. Die Hinrichtung war für 10:00 angesetzt - noch 20 Sekunden. Stoker preßte seine Hände auf die Armlehnen und biß die Zähne zusammen. Dann schloß er die Augen.

Wumm! Stoker war, als hätte ihn von hinten eine Abrißbirne erfaßt. Er wurde vornüber aus dem Stuhl geschleudert und landete etwa sechs Meter weiter auf dem Boden. Benommen lag er einige Augenblicke dort... dann musterte er seinen Körper. Es überraschte ihn, daß er nicht verletzt war. Er raffte sich auf und saß mit dem Rücken zum elektrischen Stuhl, der ihn gerade ausgespuckt hatte. Er fragte sich, was wohl schiefgegangen war. Waren die Schnallen defekt gewesen und hatten nachgegeben in dem Augenblick, als der Saft angestellt wurde? Stoker drehte sich nach dem Stuhl um, doch die Wärter versperrten ihm die Sicht. Offenbar fummelten sie an den Schnallen herum, und gleich würden sie ihn schnappen, in den Stuhl zurücksetzen und es noch einmal versuchen.

Dann gaben die Wärter den Blick frei, und Stoker sah einen schlaffen Körper in dem elektrischen Stuhl. Im Halbdunkel der Kammer konnte er das Gesicht nicht genau erkennen. Die Wärter nahmen den Körper an den Schultern und Füßen und trugen ihn zur Tür hinaus, durch die Stoker nur eine Viertelstunde zuvor in die Todeszelle getreten war.

Der Exekutionsbeamte und der Priester verließen die Kammer hinter den Wärtern, und die schwere Tür fiel ins Schloß. Die Reporter und Fotografen packten ihre Sachen und gingen. Stoker konnte sich den Gang der Ereignisse nicht erklären. Eine Weile später stand er auf, um sich den Stuhl genauer anzusehen. Er wußte nicht, wonach er eigentlich suchte. Nichts konnte sein Interesse gewinnen. Er ging zur Tür und wollte die Klinke herunterdrücken, doch als er sie berührte, durchlief ein merkwürdiges Vibrieren seine Hand, und er zog sie schnell wieder zurück. »Muß irgendwie geladen sein«, dachte er sich. Er blickte zu den Fenstern hinüber. Einer der Fotografen war zurückgekehrt -wahrscheinlich hatte er irgend etwas liegengelassen. Stoker trat ans Fenster und fuchtelte wie wild mit den Armen, doch der Fotograf nahm keine Notiz von ihm. Stoker schrie und trommelte mit den Fäusten gegen die Scheibe. Doch der Mann wandte sich einfach ab und entfernte sich durch die Vorhalle. Stoker wurde es auf einmal seltsam zumute. Etwas stimmte hier einfach nicht, doch er wußte nicht was.

An der Wand stand noch ein weiterer, gewöhnlicher Stuhl. Stoker setzte sich. Er war müde, und bald überkam ihn ein unruhiger Schlaf...

Ein ausgesprochen unangenehmes Geräusch weckte ihn plötzlich wieder auf: Es war ein nervtötendes, heftig pulsierendes Surren. Stoker öffnete die Augen. In dem Zimmer war es viel dunkler geworden, obwohl die Helligkeit hinter dem Oberlicht darauf schließen ließ, daß es noch immer Tag war. Die Uhr zeigte 10:53. Stoker blickte in die Richtung, aus der das merkwürdige Geräusch kam, und versuchte, die Umrisse des Raumes zu erkennen. Alles schien in einem Rhythmus zu pulsieren. Wenn das Surren anschwoll, wurden die Konturen schärfer. Wenn es abnahm, verschwammen sie.

Irgend etwas stimmte hier einfach nicht. Das Zimmer hatte nicht mehr die gleiche Form wie zuvor, als man ihn auf den Stuhl geschnallt hatte. Es schien in Richtung des seltsamen Geräusches langgestreckt, als hätte sich in der Wand eine Art Korridor oder Tunnel geöffnet. Stoker ging auf diesen Tunnel zu. Je näher er kam, desto schneller wurde der Puls des Surrens, bis schließlich alles zu einem gräßlichen Geheul verschwamm. Als Stoker die Tunnelöffnung erreichte, verlor er plötzlich die Kontrolle darüber, was mit seinem Körper geschah. Er spürte, wie er in Richtung des Tunnels gezogen wurde - als wäre er in den Sog eines lokalen Gravitationsfeldes geraten. Seine Füße lösten sich vom Boden, und es zog ihn in die dunkle Passage hinein. Groteske Gesichter flogen an ihm vorbei, die ihn spöttisch von den Tunnelwänden angafften. Der Boden war mit mißgestalteten Menschen- und Tierkörpern übersät, und das markerschütternde Geheul wurde immer lauter, bis es sich schließlich zu einem einzigen geisterhaften Schrei des Elends und der Verzweiflung wandelte.

Dann herrschte plötzlich Stille. Stoker wurde gewahr, daß er sich auf einem Felsvorsprung mitten am Hang eines Berges befand. Alles lag im Dämmerlicht, so daß Stoker keine Einzelheiten erkennen konnte. Seit seiner Herausführung aus der Todeszelle war seine Aufmerksamkeit zu sehr mit dem beschäftigt gewesen, was um ihm herum geschah, und daher hatte er weder Angst empfunden, noch versucht, eine Erklärung für die Dinge zu finden, die ihm da widerfuhren. Doch jetzt wurde ihm bewußt, daß hier etwas sehr Merkwürdiges mit ihm passierte, und er begann, am ganzen Leibe zu zittern.

»Hab keine Angst.« Die Stimme kam von rechts.

»Wer ist da?«

»Ein Freund. Du brauchst keine Angst zu haben. Du befindest dich auf einem Weg, den schon viele andere vor dir gegangen sind.«

»Kannst du mir vielleicht endlich sagen, was hier los ist?« Stoker sah in die Richtung, aus der die Stimme kam, und konnte jetzt schwach in einiger Entfernung die Umrisse einer Gestalt erkennen, die ein weißes Gewand trug. Sie saß auf einem Vorsprung und blickte in die Ferne.

»Weißt du eigentlich, daß du tot bist?«, fragte ihn die Gestalt.

»Was?«

»Bist du dir darüber im klaren, daß der Körper, den die Wärter aus der Todeszelle trugen, dein eigener war?«

»Aber das ist doch ganz unmöglich. Wenn das mein Körper war, was ist dann das hier?« Stoker kniff sich provokativ in den linken Arm.

»Sieh dir die Haut, in die du da kneifst, einmal genauer an.«

Bei dem trüben Licht mußte Stoker angestrengt hinsehen, um überhaupt etwas erkennen zu können. Doch dann bemerkte er plötzlich, daß seine Haut ausgesprochen grobfleckig und mit Pockennarben übersät war. »Wa- Was ist denn das? Was ist los mit mir?!«, stammelte er ängstlich.

»Das hast du dir selbst angetan.«

»Wie meinst du das?«

»Jedesmal wenn du einen anderen Menschen geschlagen, ihm Angst eingejagt oder Schmerzen zugefügt hast, ist dein Astralkörper etwas gröber geworden. Selten hast du dich um einen anderen Menschen bemüht, was eine entgegengesetzte, verfeinernde Wirkung gehabt hätte, und daher spiegelt der Körper, in dem du dich jetzt befindest, nur die Negativität deines Handelns im irdischen Leben wider.«

»Jetzt paß' mal auf, du...« Stoker war aufgestanden und hatte die Faust geballt, »ich hab's verdammt noch mal nicht nötig, hier zu sitzen und mir von 'nem alten Landstreicher 'ne Moralpredigt halten zu lassen. Und den Kram mit den Astralkörpern, den kannst du vielleicht deiner Großmutter erzählen. Wer bist du überhaupt?«

Die Gestalt im weißen Gewand drehte sich um und sah Stoker direkt in die Augen. »Setz dich, Stoker«, wies sie ihn an. Von ihren Augenhöhlen ging ein helles Leuchten aus, das immer intensiver wurde. Bald konnte Stoker das gleißende Licht nicht mehr ertragen und mußte sich abwenden. Es brannte ihm nicht nur in den Augen, sondern auch überall dort, wo es auf seine Haut fiel. Taumelnd tastete er hinter sich nach dem Felsen und setzte sich.

»Ist ja schon gut«, sagte Stoker. »Aber jetzt stell doch endlich das Licht ab.«

Die Gestalt drehte sich zur Seite, und das Licht aus ihren Augen versiegte. »Ich bin gekommen, damit du hier einige Dinge richtig verstehst«, sagte sie. »Bild dir nicht ein, daß es besonders angenehm für mich ist, in diese Finsternis hinunterzusteigen. Doch habe ich mich selbst einmal in deiner Lage befunden, und daher weiß ich, was es heißt, sich in dieser von den Menschen selbst geschaffenen ›Hölle‹ wiederzufinden. Bist du bereit, mir zuzuhören?«

»Bin ganz Ohr, Paps«, kicherte Stoker.

Die Gestalt sah ihn ein weiteres Mal an, diesmal nur mit einem leichten

Glänzen in den Augen. Da bemerkte Stoker, wie seine Ohren wuchsen! Er griff sich rechts und links an den Kopf und spürte die großen Lappen, die ihm wie Elefantenohren bis über die Schultern hingen. »Was machst du mit mir?« rief er. »Hör auf damit!«

»Nur eine kleine Demonstration zur Macht der Worte, oder vielmehr, der Gedanken. In dieser Welt reagieren dein Körper und deine Umgebung sehr leicht auf deine Gedankenbilder. Als du gesagt hast, du seist ›ganz Ohr‹, habe ich ein wenig nachgeholfen.« Stoker spürte, wie seine Ohren wieder ihre normale Größe annahmen.

»Noch eines, bevor ich gehe«, sagte die Gestalt. »Versuch nicht, diesen Ort zu verlassen, bevor du dazu bereit bist. Die Intensität des Lichts auf den höheren Ebenen würde dir sehr weh tun.«

Stoker dachte an das Leuchten aus den Augen des Fremden. »Woran werde ich erkennen, daß ich bereit bin?«

»Deine Haut wird nicht länger grob und fleckig sein. Viel Glück. Dein Schicksal ist besser als das vieler anderer. Dieses Gespräch wurde wegen eines früheren Lebens gestattet, in dem du viele Jahre lang deine alte und kranke Mutter gepflegt hast. Deine Seele trägt noch immer einen Rest dieser Freundlichkeit in sich. Sie kam in der gerade beendeten irdischen Inkarnation nicht zum Vorschein, doch wenn du dich aufrichtig darum bemühst, wirst du sie wiederentdecken und die verlöschende Glut erneut zur Flamme entfachen können. So könnte es dir gelingen, von dem absteigenden Pfad, dem du gefolgt bist umzukehren. Möge das Licht der Einen Quelle mit dir sein.«

Mit diesen Worten erhob sich der Fremde, wandte sich ab und verschwand.

Stoker blieb noch einige Minuten sitzen und versuchte, die Bedeutung des gerade geführten Gesprächs zu erfassen. Wer war der Fremde eigentlich? »Ich muß doch seinen Namen herausfinden«, dachte er sich. Sofort stieg der Name »Thorion« in sein Bewußtsein - es war eher ein Gedankenimpuls als ein tatsächlich erklungenes Wort, doch klar und unmißverständlich. Ein fernes Echo dieses Namens schien an irgendeine unzugängliche Kammer in seinem Gedächtnis zu rühren... Schließlich wandte sich Stoker wieder seiner Umgebung zu.

Seine Augen hatten sich an das Dämmerlicht gewöhnt, und er konnte jetzt die groben Umrisse seiner Umgebung erkennen. Offensichtlich befand er sich auf einem steinigen Gebirgspfad, der in die eine Richtung dem Tal entgegenführte und in die andere hinauf zu höheren Ebenen. Er spähte seitlich nach unten, doch war die Luft so schmutzig und trübe, daß sie alles außer ein paar schwachen Lichtpunkten in der Ferne verbarg. Stoker erschauderte und zog sich sein Hemd enger um den Hals. Er stand auf, zögerte einen Augenblick, und ging dann den aufwärtigen Pfad. Er hatte wohl die Warnung des Fremden nicht vergessen, doch wollte er selbst sehen, welche Grenzen seinem Aufstieg gesetzt waren.

Bereits nach wenigen hundert Metern kam er an eine aus Geröll und losen Steinen aufgetürmte, nur notdürftig verkleisterte Mauer. Sie versperrte den Weg völlig. Auf der einen Seite schmiegte sie sich an den Fels, auf der anderen reichte sie bedrohlich weit über den Abgrund hinaus. Stoker konnte sehen, daß er einer gähnenden Tiefe ausgesetzt wäre, sollte er versuchen, das freie Ende der Mauer zu umklettern. Ein falscher Tritt, ein loser Stein, und er würde in die unergründliche Finsternis stürzen. Er sah sich die Mauer etwas genauer an und entdeckte, daß sie zwischen den Steinen und der lehmartigen Verkleisterung zahlreiche Ritze und Vertiefungen hatte. Vielleicht konnte er ja senkrecht hinaufklettern und so die gefährliche Seite über dem Abgrund meiden. Zwar konnte er von dort, wo er stand, die Oberkante der Mauer nicht sehen, doch dachte er sich, sie würde schon irgendwo ein Ende haben, und er wollte jedenfalls sein Bestes versuchen.

Er kletterte sehr behutsam und sicherte jeden Griff und Tritt. Nach ein paar Minuten machte er eine kleine Pause. Er blickte unter sich und stellte bestürzt fest, daß er nicht einmal mehr den Pfad erkennen konnte... Etwas entnervt sah er nach oben, doch noch immer war die Oberkante der Mauer nicht ausmachen. Nun besaß Stoker, wenn man in seinem Charakter auch vergeblich nach feineren Zügen gesucht hätte, doch einen gewissen grobschlächtigen Mut, den manche seiner Bekannten zu Lebzeiten mit reiner Dickköpfigkeit verwechselt hatten. Er kletterte weiter, und es war dieser Mut, der ihm jetzt bei der Bewältigung der selbstgestellten Aufgabe half.

Schließlich wurde er für sein Durchhalten belohnt. Seine Hände griffen oben auf die Mauer, und er zog sich hinauf, so daß er über die Mauer sehen konnte. Der Anblick versetzte ihn in Erstaunen. Nicht weit von der Stelle, wo die Mauer ihm den Weg versperrt hatte, ging der steinige Pfad in eine breite Straße über. Sie führte auf eine Art Slum zu. Nachlässig gebaute Hütten und Verschläge standen in der Gegend verstreut, und hier und da sah man kümmerliche Grasflächen und Unkraut. Einige Gestalten in Kapuzengewändern gingen langsam zwischen den Hütten auf und ab, offenbar mit sinnlosen Tätigkeiten beschäftigt. Andere standen wie ziellos um ein unruhig flackerndes Feuer herum. Am interessantesten jedoch waren die klarere Luft und das hellere Licht. Stoker sah nach oben, halb in der Erwartung, die Sonne hinter den Wolken hervorbrechen zu sehen, doch war da nichts als eine einzige graue Decke. Es war nicht auszumachen, woher das Licht eigentlich kam.

Stoker rief in die Ferne zu den Leuten hinüber, doch schien ihn niemand zu bemerken. Er rief noch einmal, diesmal lauter, doch vergeblich. Da löste sich eine der Gestalten von der Gruppe bei dem Feuer und kam auf die Mauer zu. In dem helleren Licht konnte Stoker die Gestalt gut erkennen. Sie trug ein Gewand mit Kapuze - ganz wie der Alte, dem er bei seiner Ankunft begegnet war. Wie war doch gleich der Name, den er innerlich gehört hatte...? Ach ja, *Thorion* - so war es gewesen.

Stoker schaute genauer hin. Die Augenhöhlen der Gestalt leuchteten schwach unter der Kapuze, welche den Kopf fast völlig verbarg. Das war Thorion, stellte Stoker verblüfft fest. Er winkte ihm zu, und der andere erwiderte den Gruß. Thorion blieb einige Meter vor der Mauer stehen, schlug die Kapuze zurück und blickte lächelnd zu Stoker hinauf. Er war ein sympathischer älterer Herr mit Halbglatze und einem leichten Zwinkern in den Augen. Stoker war überrascht, daß Thorion ihn nicht mit strafender Miene anblickte - im Begriff, ihn dafür zusammenzustauchen, daß er trotz der Warnung versucht hatte, den Berg hinaufzuklettern.

»Wolltest es wohl nicht auf dir sitzen lassen, hm?«

»Was denn?«

»Die Sache mit den höheren Ebenen...«

»Ach so. Na ja, bis hierhin bin ich ja nun schon mal gekommen...«

»Das dürfte auch in etwa deine Grenze sein«, erwiderte der ältere Mann mit geheimnisvollem Lächeln. »Streck deinen Arm hierher in meine Richtung, dann siehst du, was ich meine.«

Stoker zögerte. Dann streckte er vorsichtig seinen rechten Arm über die Mauer. Auf halbem Wege fühlten sich seine Finger mit einem Mal unangenehm heiß an, und ein elektrisches Vibrieren durchlief seinen Unterarm. Schnell zog er seinen Hand zurück. »Und woher weiß ich, daß du da nicht wieder deine Hände im Spiel gehabt hast?« Stoker mußte an die Sache mit den Ohren denken.

»Ich versichere dir, daß es diesmal nichts mit mir zu tun hat«, kam die Antwort. »Die Menschen hier befinden sich auf einer Entwicklungsstufe, die der Schwingungshöhe dieses Ortes entspricht. Für sie ist es hier ganz angenehm, und die Umgebung bereitet ihnen keinerlei Unbehagen. Sie mögen wohl etwas ziellos und verwirrt wirken, doch arbeiten sie alle eher innerlich, auf der Ebene des Denkens, als auf der äußeren oder manifestierten Ebene. Wenn sie zu bestimmten Erkenntnissen über sich selbst gekommen sind, werden sie weiter voranschreiten wollen.«

»Prima«, erwiderte Stoker. »Doch was ist mit mir?«

Thorion seufzte. »Dir wird leider keine andere Wahl bleiben, als in das Tal der Finsternis hinabzusteigen. Dort wirst du schnell begreifen, was du tun mußt, um dich daraus zu befreien. Ich habe dir ja bereits erklärt, daß du aufgrund jenes früheren Lebens, in dem du deine Mutter pflegtest, noch immer ein Fragment des Lichtes in dir trägst. Dieses Fragment kann dir jetzt dabei helfen, die Wahrheit jener unteren Ebene zu erfassen. Höre auf deine innere Stimme.«

Stoker fürchtete sich auf einmal wie ein kleiner Junge, dem die Schrecken eines finsteren Verlieses bevorstanden. Seine Stimme klang gebrochen, als er fragte: »Wirst du mir dabei helfen?« Er bemühte sich, nicht ängstlich zu wirken, doch merkte er, daß er seine Gefühle und Gedanken vor Thorion nicht verbergen konnte.

»Du wirst niemals vom Licht der Einen Quelle abgeschnitten sein - außer durch deine eigenen Überzeugungen«, war die Antwort. »Wenn du Hilfe brauchst, ruf meinen Namen.«

Stoker spürte die Tränen auf seinen Wangen. »Warum gibst du dich nur mit mir ab? Ich bin ein Mörder.«

»Wer unter euch ohne Sünde ist, der werfe den ersten Stein«, zitierte Thorion. »Auch ich habe gemordet. Wie sonst könnte ich so genau wissen, was in dir vor sich geht?«

Stoker schaute zu der kleinen Gruppe hinüber, die mit gebeugten Köpfen bei dem Feuer stand. Dann blickte er über die Schulter in Richtung des Weges, den er gekommen war. Schließlich sah er Thorion an und sagte: »Also gut. Aber ich zähle auf deine Hilfe.« Thorion winkte nur mit der Hand und wandte sich ab, um zu dem Feuer zurückzugehen.

Stoker atmete tief durch und machte sich dann an den mühseligen Abstieg die Mauer hinunter, welcher ihm ohne Mißgeschick glückte. Er verbannte die Angst aus seinem Bewußtsein und ging leichten Schrittes dem Tal entgegen.

Seine Augen hatten sich bald wieder an die Dunkelheit gewöhnt. Als er an die Stelle kam, wo er Thorion zum ersten Mal begegnet war, setzte er sich hin und machte eine kleine Pause. Vielleicht war dieser Ort ja eine Art Treffpunkt, und eine andere Wesenheit würde erscheinen, um ihn zu führen. Er hatte die Augen geschlossen und wartete... vergeblich. Etwas enttäuscht, war er doch zugleich entschlossen, das Beste aus seiner Lage zu machen. Er setzte seinen Weg ins Tal fort.

Je weiter er hinunterging, desto dunkler wurde es, und das Licht reichte gerade aus, um die groben Umrisse seiner Umgebung preiszugeben. Schließlich mündete der Pfad in eine mit Felsen und Geröll bedeckte Ebene, in der das Gehen schwerfiel. Weit und breit war keine Menschenseele oder ein Gebäude zu sehen, und Stoker wußte nicht, in welche Richtung er gehen sollte.

Zum ersten Mal bemerkte er den faulen, leicht stechenden Geruch, der über diesem Ort lag - es war wie von in der Ferne verwesendem Fleisch. Stoker ahnte, daß er noch viel näher an die Quelle dieses Geruchs heranmüsse, bevor er sich aus dieser finsteren Welt befreien könne.

Weit entfernt erblickte er ein schwaches Leuchten, und er beschloß, in diese Richtung zu gehen. »Vielleicht führt mich dieses Licht ja zu jemandem, den ich um Rat fragen kann.«, dachte er sich. So schnell wie er bei dem unebenen Gelände und den überall herumliegenden Gesteinsbrocken konnte, suchte Stoker sich seinen Weg zu dem Licht.

Auf einmal wurde er von einem ohrenbetäubenden Katzengeschrei überrascht, und den Bruchteil einer Sekunde später schlug eine riesige Masse von Fell und Krallen auf ihn ein. Er spürte einen stechenden Schmerz in der rechten Seite und langte um sich, den Angreifer zu packen. Doch griff er ins Leere, während die riesenhafte Katze in der Dunkelheit verschwand. Der Aufprall hatte ihn zu Boden geworfen, und Stoker musterte jetzt seine Kondition. Er tastete seine rechte Seite ab und war erstaunt, keine ernstliche Wunde zu finden. Sein Hemd war nicht gerissen, seine Haut unversehrt, und der Schmerz hatte jetzt auch nachgelassen. Verblüfft, aber doch froh, keine Verletzung davongetragen zu haben, raffte er sich auf und setzte seinen Weg zu dem fernen Licht fort.

Nach einer schier endlosen Wanderung kam er bei der Quelle des Lichts an. Es war eine einfache, ruhig brennende Kerze. Sie war in einen hübschen Messinghalter gefaßt und auf einem flachen Fels angebracht. Er wollte sich die Kerze aus der Nähe ansehen, doch als er etwa bis auf drei Meter herangekommen war, wurde ihm plötzlich übel, und er mußte sich abwenden. Er versuchte es noch einmal und stellte fest, daß das Gefühl der Übelkeit zunahm, je näher er heranging. Er wich ein weiteres Mal von der Kerze zurück und setzte sich dann gerade außerhalb ihres Wirkungskreises nieder, um sie sich genauer anzusehen.

Er bemerkte jetzt, daß an dem Felssockel eine kleine Messingplatte angebracht war. Sie trug eine Inschrift, doch war er zu weit entfernt, um sie lesen zu können. Plötzlich wurde ihm bewußt, daß er nicht allein war. Jemand anderes - oder war es ein Tier? - saß zusammengekauert auf der anderen Seite der Kerze. Stoker konnte die schwache Reflexion des Kerzenlichts in zwei Augen sehen, die ihn nun unverwandt anstarrten.

»Wer ist da?« rief Stoker mit fester Stimme. Die Augen zogen sich weiter von der Kerze zurück, so daß Stoker sie kaum noch erkennen konnte. »Wer ist da, habe ich gefragt!« Stoker war aufgestanden.

»Niemand. Laß mich in Ruhe!«, krächzte eine heisere Stimme, die so klang, als sei sie lange nicht benutzt worden. »Und komm bloß nicht näher, oder du wirst es bereuen!«

Natürlich hatte sich an Stokers Streitsucht und Lust zur Schlägerei nicht das geringste geändert. Plötzlich in Rage wegen der Drohung, schnappte er sich einen faustgroßen Stein und rannte damit auf die Gestalt los. Er gab acht, daß er nicht zu nahe an die Kerze herankam, die bis dahin ruhig gebrannt hatte. Auf einmal blies ein Seitenwind, und die Kerze flackerte. Es wurde merklich dunkler, und Stoker hielt einen Augenblick ein, da er seinen Gegner aus den Augen verloren hatte. Und wie sein Zorn einer gewissen Verwunderung wich, da brannte die Kerze wieder ruhig.

»Das passiert jedesmal«, ließ der andere wissen. »Wenn du durchdrehst, flackert die Flamme so stark, daß es dunkel wird.« Er hatte sich hinter einem Felsvorsprung zusammengekauert, so daß Stoker ihn nicht sehen konnte. »Warum versteckst du dich vor mir?«

»Du würdest mich kaum sehen wollen. Ich bin ziemlich häßlich.«

Stoker setzte sich und ließ den Stein fallen. Sein Zorn war verflogen, und er war plötzlich froh, jemanden zu haben, mit dem er reden konnte. »Also gut. Ich will dich ja gar nicht sehen oder mit dir kämpfen«, erwiderte er. »Aber erzähl mir von diesem Ort.«

»Was willst du wissen?«

»Ist das hier die Hölle?«

Seine Frage wurde von heiserem Gelächter begrüßt. »Die Hölle? Wer weiß schon, was dieser trostlose Ort wirklich ist. Du würdest es wohl eine Art Hölle nennen, wenn du die Dinge gesehen hättest, die mir hier begegnet sind.«

»Was denn zum Beispiel?« Stoker war wirklich neugierig und lehnte sich jetzt etwas vor, um sein Gegenüber zu Gesicht zu bekommen.

»Die riesigen Tiere, die einen aus der Dunkelheit attackieren... den Fluß des Blutes, der den Weg zu den Tageslicht-Feldern versperrt, und die endlosen Schlachten zwischen Soldaten, die niemals fallen... He, was suchst du? Geh zurück. Du sollst mich nicht ansehen.«

»Aber was ist denn mit dir, daß du nicht gesehen werden willst?«

Einen Augenblick herrschte Stille. »Ich war ein Folterer. Ich sah es gern, wenn andere litten, und viele kamen durch mich um. Als ich dann aus dem irdischen Leben schied, mußte ich feststellen, wie meine Grausamkeiten die Umrisse dieses Körpers zu grotesken Formen entstellt hatten. Daher verberge ich mich in der Dunkelheit.«

Stoker dachte an sein eigenes Leben zurück und war überrascht, daß bereits einige der Details seinem Gedächtnis entschwanden. Doch erinnerte er sich noch genau daran, wie und warum er aus dem Leben geschieden war. »Auch ich bin ein Mörder«, sagte er mit gedämpfter Stimme. »Man hat mich auf dem elektrischen Stuhl hingerichtet.«

Einen Augenblick sagte niemand etwas. Dann fragte Stoker: »Was steht auf der Messingplatte?«

»Ich kann selbst nicht nah genug heran, um es zu lesen«, erwiderte der andere, »doch traf ich einmal einen Wanderer, der ohne weiteres ganz bis an die Messingplatte herangehen konnte. Er las es mir vor, und ich merkte es mir. Da steht: ›In deinem Innern liegt die Wahrheit. Die Schatten dieser Welt sind nichts als eine Ansammlung der Finsternis menschlichen Denkens. Wenn du gelernt hast, Herz und Bewußtsein auf die Eine Quelle zu richten, wird dir die Kerzenflamme nicht länger Unbehagen bereiten, und du wirst frei sein, in das Ewigwährende Licht aufzusteigen.‹«

»Was soll denn das heißen?«, machte Stoker seinem Unverständnis Luft. »Klingt ja fast wie aus der Bibel oder so.«

»Ja, ich weiß. Doch das Komische ist... immer wenn ich das Gefühl habe, ich drehe durch, wenn ich diese Existenz einfach nicht mehr aushalten kann, dann sage ich leise diese Worte vor mich hin - und danach fühle ich mich besser.«

»Dieser Wanderer...«, begann Stoker nachdenklich, »kennst du seinen Namen?«

»Sagte, er heißt Thorion«, erwiderte der andere. »Warum?«

»Ich hab' nur so gefragt.« Stoker versuchte, die ganz unerwartete Freude zu verstehen, mit der ihn dieser Name erfüllte. »Wo sind diese Tageslicht-Felder?«

»Das ist ein weiter Weg«, kam die Antwort. »Doch lohnt es sich nicht, dorthin zu gehen, denn durch den Fluß kannst du ohnehin nicht schwimmen - schon gar nicht, wenn du in deinem irdischen Leben den Tod anderer Menschen verursacht hast.«

»Ich würde es mir trotzdem gerne einmal ansehen«, beharrte Stoker. »Kannst du sie mir zeigen?«

»Hmmh... ich würde eigentlich lieber hierbleiben...«

»Aber was willst denn du hier bei der Flamme? Du kannst doch auch nicht näher heran als ich.«

»Vielleicht hoffe ich ja darauf, daß der Fremde einmal zurückkehren wird - ich meine, der mir die Inschrift vorgelesen hat... Vielleicht kann ich einfach noch einmal mit ihm sprechen und herausfinden, was ich tun muß.«

»Du meinst Thorion. Auch ich bin ihm begegnet«, bemerkte Stoker. »Er hat versprochen, mir zu helfen, solange ich hier unten bin. Warum bleiben wir nicht zusammen, vielleicht kann er ja uns beiden helfen?«

»Na schön«, willigte der andere nach kurzem Zögern ein. »Ich werde dir zeigen, was du sehen willst.«

»Nenn mich einfach Stoker. Und wie heißt du?«

»Tariq.«

»Also gut, Tariq. Laß uns jetzt zu den Tageslicht-Feldern gehen«, bat Stoker ihn, »und erzähl mir, was du hier unten so alles erlebt hast.«

Stoker ging auf den Vorsprung zu, hinter dem Tariq sich verbarg. »Und mach dir keine Sorgen wegen deines Aussehens. Ich bin einiges gewohnt«, gab er sich gelassen. »Vor mir brauchst du dich bestimmt nicht zu verstecken.«

»Es ist schlimm«, kam die knappe Antwort. Stoker ging bis auf einige Schritte an ihn heran und versuchte zu erkennen, was sich da vor ihm befand. Das Kerzenlicht war schwach aus dieser Entfernung, doch die groben Umrisse der Gestalt ließen sich ausmachen. Obwohl ein rauhes Gewand die Einzelheiten verbarg, sah Stoker den ausgeprägten Buckel und den dürren linken Arm, der schlaff von der Schulter hing. Und der mißgebildete rechte Fuß war so sehr nach Innen gekrümmt, daß Stoker sich fragte, wie Tariq überhaupt gehen konnte. Am schockierendsten aber war sein Kopf. Obwohl er vollständig in die Kapuze des Gewandes gehüllt war, konnte Stoker sehen, daß er *auf etwa ein Drittel seiner normalen Größe geschrumpft war!*

Stoker war es nicht gewohnt, Mitleid zu empfinden, doch der Anblick dieses Krüppels schmerzte ihn plötzlich sehr. »Mein Gott!«, rief er aus. »Du willst doch nicht sagen... ich meine, hast du wirklich einmal normal ausgesehen?«

»Oh nein! Sag bloß diesen Namen nicht!«, rief Tariq erschrocken. »Schnell! Leg dich flach auf den Boden und bedecke deine Augen.«

»Was?!«

»Mach schon! Ich erklär's dir später.« Der Krüppel warf sich zu Boden und zog sich die Kapuze straff über den geschrumpften Kopf. Da durchbrach ein Lichtstrahl die Dunkelheit, der so kraftvoll war, so gleißend hell, daß Stoker laut aufschrie. Er stolperte zu Boden und bedeckte sein Gesicht zum Schutz vor dem Licht, das ihn jetzt in einem strahlend weißen Kegel umgab.

»Halt!«, schrie Stoker auf. »Nicht dieses Licht!« Niemand antwortete ihm, doch in der Stille spürte er eine Frage - als wäre dort eine Wesenheit, die eine Antwort erwarte, und der Kosmos hielte inne zu hören, was Stoker jetzt sagen würde.

Tariq flüsterte ihm zu: »Du rufst das Licht, wenn du diesen Namen aussprichst. Thorion sagte, man solle das niemals tun, bevor man ausreichend darauf vorbereitet sei, diesen Ort zu verlassen. Erst dann kann man es ertragen, von dem Licht überflutet zu werden. Es wird gleich aufhören. Bleib' einfach ruhig liegen.«

Kurz darauf ließ das Licht nach, und bald waren sie wieder in Dunkelheit gehüllt. Vorsichtig sah Stoker auf. Er konnte eine Weile nicht sehen, so sehr hatte ihm das Licht in den Augen gebrannt. Doch allmählich gewöhnte er sich wieder an die Finsternis. Er blickte zur Kerze hinüber und sah, daß sie ruhig brannte.

Neben ihm richtete Tariq sich auf und setzte sich auf einen Felsen. »Komisch«, sagte er mit heiserer Stimme. »Ich habe Leute gesehen, die sich vor Schmerzen wanden, als sie von dem Strahl getroffen wurden. Das Licht brannte überall, wo es auf ihre Haut traf. Das ist dir nicht passiert.«

»Ich konnte wohl eine Weile nicht sehen«, erwiderte Stoker. »Und das Licht war nicht gerade angenehm. Aber auf der Haut gebrannt hat es nicht.«

»Thorion erklärte mir, daß der Strahl nicht brennt, wenn man gerade Zuneigung oder Mitleid für einen anderen Menschen empfindet. Sagte, um hier unten herauszukommen, müsse man üben, so zu fühlen.« Er schwieg einen Augenblick. Dann fügte er mit gedämpfter Stimme hinzu: »Du mußt wohl Mitleid mit mir gehabt haben...«

»Na ja, ich habe nicht damit gerechnet, ich meine...«

»Schon gut. Mach dir nichts draus«, erwiderte der andere. »Gehen wir.«

So zogen sie zusammen los. Das Gelände war unwegsam, und Felsen und Geröll erschwerten ihnen den Weg. Stoker blickte Tariq von der Seite an, wie er auf einem knorrigen Stock daherstolperte, und stellte erst jetzt überrascht fest, wie klein sein Weggefährte war. Als hätte er seine Gedanken gelesen, sagte Tariq: »Ich war einmal viel größer... etwa so groß wie du.«

»Was ist passiert?«

»Das weiß ich auch nicht so genau. Als ich hier ankam, hatte ich die Mißbildungen und den kleinen Kopf - doch ich war größer. Thorion sagte, je mehr man körperliche Größe und Kraft in einem irdischen Leben mißbraucht, desto kleiner und schwächer wird man in seinem nächsten. Der Prozeß würde hier unten eingeleitet. Wie es im einzelnen vor sich geht, hat er allerdings nicht erklärt.«

Stoker dachte an seine eigenen Grausamkeiten zurück und fragte sich, ob sein Körper wohl auch schrumpfen würde.

Tariqs Atem ging schwer. Immer wieder hielt er an, hustete und trat von einem Bein aufs andere. Stoker wunderte sich, daß Tariq überhaupt laufen konnte. »Alles in Ordnung mit dir?«, fragte er.

»Ja, laß mich nur kurz verschnaufen.« Ein weiterer Hustenanfall folgte. »Bin wohl nicht viel auf den Beinen gewesen in letzter Zeit... - Okay, mir geht's wieder besser.«

Sie gingen noch etwa eine Viertelstunde. Keiner sagte etwas. Sie kamen nur langsam voran, und Stoker war ernstlich um seinen Begleiter besorgt. Dies überraschte ihn ein wenig, hatte er doch während seines irdischen Lebens niemals so empfunden. Dann hielt Tariq plötzlich an. »Dort drüben«, flüsterte er. »Riechst du es?« Stoker hielt an und wurde jetzt eines zarten Duftes gewahr, der den allgegenwärtigen Verwesungsgeruch überdeckte.

»Was ist das?«, wollte er wissen.

»Du würdest es mir nicht glauben. Komm hierher. Sieh selbst.« Tariq ging geduckt an den auslaufenden Grat eines kleinen Hügels heran, so daß er darüber hinwegblicken konnte, ohne gesehen zu werden.

Stoker folgte ihm, ebenfalls geduckt, und setzte sich neben Tariq. Angestrengt sah er auf die unter ihnen liegende Ebene, und es verschlug ihm den Atem, als ihm klar wurde, was er da sah. Auf dem steinigen Boden ausgestreckt lag ein riesiger, von Kopf bis Fuß etwa sechs Meter langer Menschenkörper. Der Kopf wies in ihre Richtung und trug eine Dornenkrone. Die Arme lagen zu den Seiten ausgestreckt, und Hände und Füße des Riesen hatte man mit gewaltigen Nägeln auf den Boden geschlagen. Das Gesicht war von lautlosem Schmerz erfüllt, die Augen weit geöffnet und mit leerem Blick. Je sechs oder sieben Menschen standen auf jeder Seite mit Äxten, Schwertern und Messern um den Körper versammelt, und sie hackten und stachen in bestialischer Weise an ihm herum. Blut schoß aus den tiefen Einhöhlungen. Merkwürdigerweise schienen die Wunden trotz der blindwütigen Attacken nicht größer zu werden, und das Blut floß wie aus einer unerschöpflichen Quelle.

Stoker konnte den Anblick nicht länger ertragen und wandte sich ab. »Das ist ja widerwärtig«, entsetzte er sich. »Wer sind diese Menschen?«

Eine dritte Stimme hinter ihnen sagte: »Während ihres irdischen Lebens haben sie einen tiefen Haß auf das Christentum und alles, wofür es steht, entwickelt. Als sie hier ankamen, bestand ihr Haß fort. Darum wurde diese Szene für sie geschaffen, an der sie ihre ganze Feindseligkeit nach außen tragen, ihr ganzes Gift verspritzen können. Dies sollte ihnen ausreichend Gelegenheit geben, ihre Aggressionen abzubauen.«

Stoker blickte um sich und sah Thorion erfreut an. »Du bist also zurück!«, sagte er. »Ich meine, du bist hier...«

»Ich spürte, daß du eine Erklärung brauchtest, die Tariq dir nicht geben konnte«, erwiderte Thorion. »Ist da sonst noch etwas, was du gern wissen möchtest?«

»Du sagtest, dies sei eine ›besondere‹ Szene. Heißt das, daß der Riese nicht echt ist?«

»Das hängt ganz davon ab, wie man die Sache sieht. Für diese Menschen ist er so ›echt‹ wie alles andere hier.«

»Aber fügen sie ihm denn irgendwelche Schmerzen zu?«

»Über eines solltest du dir unbedingt im klaren sein: Der einzige Schmerz an diesem Ort ist der, den die Menschen mit sich bringen, wenn sie hier ankommen. Der Riese ist nur eine Art Requisit für die Szene: Er soll ihnen helfen, sich des Ausmaßes ihrer inneren Finsternis bewußt zu werden. Der Duft soll sie auf einer höheren Ebene daran erinnern, daß die dargestellte Wesenheit dem Göttlichen sehr nahe steht. Wir hoffen, daß diese Menschen des endlosen Blutvergießens einmal müde werden und sich nach einer erfüllenderen Tätigkeit umsehen.«

»Und wie lange wird das dauern?« Stoker war mit einem Mal richtig interessiert, wie hier alles funktionierte.

Thorion stand auf und sah auf das vermeintliche Blutbad hinunter. »Der alte Mann mit dem Klumpfuß steht schon mehr als hundert Erdjahre an der Szene«, erklärte er, »auch wenn es ihm selbst viel weniger erscheint. Der junge Mann links von ihm ist erst vor einigen Tagen hier angekommen. Du brauchst wohl kaum einen vollständigen Bericht über jeden einzelnen von ihnen?«

»Natürlich nicht«, erwiderte Stoker. »Im Prinzip verstehe ich die Sache. Doch was passiert mit denen, die ihr grausiges Tun leid sind?«

»Wir haben eine Anzahl von Helfern, die dann auf sie zugehen können. Doch ist es bei jedem anders. Einige wollen einfach nur ausruhen und sich in sich selbst zurückziehen. Ihr Bewußtsein geht in einen Zustand über, den die Ärzte auf der Erde als ›Spannungsirresein‹ bezeichnen würden. Für andere ist es, als erwachten sie aus einem Alptraum, und sie wollen so weit wie möglich weg von der schaurigen Szene. Natürlich bindet ihre eigene niedrige Schwingungsrate sie an diese Schattenwelt, doch gibt es hier vieles, was sie - wie langsam auch immer - auf den aufwärtigen Pfad bringen kann.«

Stoker war innerlich ganz aufgeregt bei den Worten Thorions, denn sie bedeuteten doch, daß es für jeden hier unten einen Weg in die Freiheit gab. Er wollte plötzlich unbedingt, daß Thorion noch etwas bliebe, damit er mehr über den Prozeß der Befreiung erfahren könnte. Er suchte nach einem Vorwand, einer Bitte: »Ähm... Tariq hat versprochen, mich hier ein bißchen herumzuführen, doch hat er Probleme mit dem Laufen. Könntest du ihm nicht vielleicht irgendwie helfen? Ich meine, du hast doch auch meine Ohren wachsen lassen...«

»Es ist mir nicht gestattet, Mißbildungen zu beheben, die ein Individuum sich durch Grausamkeit während des irdischen Lebens selbst zugefügt hat. Nur Tariq selbst kann die Heilung bewirken. Doch ist da etwas, was du für ihn tun kannst.«

»Was denn?«

»Trag ihn.«

Trag ihn. Natürlich. Es war so einfach, so selbstverständlich. Warum war er nicht von selbst darauf gekommen? Thorion las seine Gedanken und lächelte. »Du bist es eben nicht gewohnt, darüber nachzudenken, wie man anderen helfen kann«, sagte er sanft. »Es würde dir sehr weiterhelfen, dies zu lernen.«

Thorion war verschwunden, und die beiden ließen seine Worte noch ein wenig auf sich wirken.

»Also gut«, brach Stoker die Stille. »Sieht so aus, als kannst du ein bißchen huckepack reisen. Schaffst du es wohl, auf meinen Rücken zu klettern?« Nach ein paar wackligen Versuchen saß Tariq auf Stokers Rücken, seinen gesunden Arm um den Hals des stämmigen Mannes geschlungen. »Nicht so eng«, keuchte Stoker, und Tariq ließ etwas locker. »Falls du immer noch die Tageslicht-Felder sehen möchtest, geh hier schräg rechts in diese Richtung«, dirigierte er. »Von hier aus ist es etwa eine halbe Stunde.« Stoker legte zügig los und fühlte sich mit einem Mal auffallend kräftig.

Außer einigen lakonischen Richtungsangaben von Tariq sprachen sie wenig. Sie kamen mehrere Male an Gestalten vorbei, die sich stehend in einer Art Trance befanden. »Die Schlafenden«, informierte Tariq ohne nähere Erläuterung. Ein anderes Mal mußten sie einen Sumpf umgehen, in dem ein junger Mann auf dem Rücken lag. Die Verwunderung stand ihm ins Gesicht geschrieben. »Selbstmord«, kommentierte Tariq. »Es ergeht wohl vielen von ihnen wie diesem hier, besonders wenn sie kein Weiterleben nach dem Tode erwartet haben.«

Etwas weiter trafen sie auf eine Gruppe schattenhafter, affenähnlicher Geschöpfe, die hinter einigen Felsblöcken hin und her huschten und sich eitel vor den Wanderern zu verstecken suchten. Sie mochten vielleicht einen Meter zwanzig groß sein. Stoker hielt an und spähte zu ihnen hinüber. »Weißt du, wer die sind?«

»Thorion erklärte mir, sie seien Menschen, die sich in ihrem vergangenen Leben eher wie Tiere benommen hätten. So jagen sie nun auf allen vieren daher und sehen aus wie eine Kreuzung aus Affe und Mensch.« Als Stoker etwas näher herangehen wollte, huschten diese Kreaturen nur tiefer ins Dunkle. Kurz darauf nahmen die beiden ihre Wanderung wieder auf.

Ein anderes Mal liefen ihnen zwei Menschen über den Weg. Der eine schwang ein langes Messer und verfolgte den anderen. Er stieß wilde Flüche aus. »Er wird ihn nie einholen«, sagte Tariq mit gedämpfter Stimme. »Hin und wieder kommen sie an der Kerze vorbei, und jedesmal fallen sie in einen tiefen Schlaf.« Stoker zeigte sich verwundert. Schließlich erstreckte sich am Horizont ein schwaches weißes Leuchten. »Das ist es?«, wollte Stoker wissen.

»Ja, die Tageslicht-Felder. Doch der Fluß des Blutes versperrt uns den Weg dorthin.«

»Woher kommt der Fluß?«

Bevor Tariq antworten konnte, sprach die Stimme Thorions hinter ihnen: »Er steht für die Gesamtheit alles jemals auf der Erde vergossenen Blutes - ob von Mensch oder Tier, ob durch Krieg, Mord oder das Schlachthaus. Ihr beide habt zu seinen Wassern beigetragen.«

Stoker fühlte plötzlich eine ungeheure Last auf seinen Schultern, die nicht von Tariqs physischem Gewicht herrühren konnte - als wäre er persönlich für das ganze Elend dieses trostlosen Ortes verantwortlich.

»Nein.« Thorion hatte wiederum seine Gedanken gelesen. »Dein Beitrag ist winzig verglichen mit den wahren Schlächtern dieses Planeten. Einer von ihnen liegt hier ganz in der Nähe. Ich schlage vor, ihr seht ihn euch einmal an, bevor ihr zu den Tageslicht-Feldern weitergeht. Es wird euch interessieren. Folgt mir so leise wie möglich.« Thorion führte sie nach links, etwa parallel zum Fluß.

Nach einigen hundert Metern durch die Dunkelheit bedeutete Thorion ihnen stehenzubleiben. Tariq kletterte von Stokers Rücken. »Dort drüben«, flüsterte Thorion. »Könnt ihr die Gestalt sehen, die dort halb unter einem Felsblock begraben liegt?«

Die beiden nickten.

»Er hat seit Jesu Zeiten dort so gelegen. Er ist persönlich für den qualvollen Tod Tausender Babys und Kleinkinder verantwortlich. So ruchlos waren seine Bluttaten, daß nach seinem Tode beschlossen wurde, ihn einfach bis ans Ende dieses Reiches unter einem Felsblock zu begraben. Danach würde seine Essenz wieder von dem Einem Licht absorbiert und gereinigt werden müssen.«

Stoker hatte viele Fragen. »Doch warum hast du uns hierher gebracht, wenn er jetzt einfach nur so daliegt?«

»Das hat sich geändert«, antwortete Thorion. »Das Leiden des Meisters auf Golgatha hat dieser mörderischen Seele zum Recht auf ein weiteres irdisches Leben verholfen. Die Hoffnung geht dahin, daß ein solcher Kontakt mit der irdischen Ebene in ihm irgendwie den Wunsch wecken wird, Wiedergutmachung zu leisten, seine Schulden zu begleichen und den Rückstand gegenüber seinen höherentwickelten Geschwistern aufzuholen. Gebt acht.«

Während sie ruhig dort standen und warteten, wurde Stoker eines blassen Lichtschimmers etwa einen halben Meter vor dem Kopf des Mannes gewahr. Das Licht wurde immer heller und breitete sich aus, bis es schließlich menschenähnliche Gestalt annahm. Stoker und Tariq hielten sich instinktiv die Hände vor die Augen. »Nicht nötig«, projizierte Thorion einen klaren Gedanken. »Ich werde das Licht für euch herabstufen, damit es euch nicht weh tut.«

Wenig später hatte sich die Gestalt vollständig herausgebildet. Es war eine überaus schöne Wesenheit mit weiblichen Zügen. Sie trug ein strahlend weißes Gewand. Sie war jetzt auf dem felsigen Boden zu stehen gekommen und blickte voll inniger Liebe auf die gefangene Seele nieder. »Sein Engel«, ließ Thorion auf dem Gedankenwege wissen.

Engel! Stoker war plötzlich so aufgeregt, daß er am liebsten laut herausgeplatzt wäre. Da fühlte er sich, als hätte jemand eine Schraubzwinge um seine Emotionen gelegt und hielte ihn fest im Zaume. »Beruhige dich«, kam Thorions Gedanke, »wir dürfen den Engel nicht bei der Arbeit stören.«

Stoker beschloß, es ebenso mit der Kommunikation per Gedanken zu versuchen. »Und was geschieht jetzt?«

»Der Engel erklärt ihm, daß ihm noch eine letzte Gelegenheit gegeben wird, auf der Erde zu leben. Man wird ihn von hier nehmen und an den Körper eines Neugeborenen in Afrika binden. Er wird einen weiblichen Körper inmitten von Krieg und Hungertod bewohnen. Jeden einzelnen Tag seines Lebens wird er leiden, und falls es keine Anzeichen dafür gibt, daß er sein Schicksal ändern möchte, wird er im Alter von fünf Jahren an Gewebetod in einer Beinwunde sterben. Sein Engel hofft, daß dieses Leben - so kurz es aller Wahrscheinlichkeit nach auch sein wird - einen Wandel einleitet, der auf lange Sicht zur Befreiung dieser Seele aus dem Schattenreich führen könnte. Es wird gewiß nicht leicht sein, aber es ist die allerletzte Hoffnung für diese Seele.«

Stoker dachte über Thorions Worte nach. Dann fragte er in Gedanken: »Haben denn alle Menschen, die in den armen Ländern geboren werden, etwas ähnlich Schreckliches getan?«

»Nein. Viele von ihnen sind sogar relativ weit fortgeschritten und haben angeboten, unter solch widrigen Bedingungen zu leben, um anderen zu helfen. Die zukünftige Mutter dieses bemitleidenswerten Dinges hat zum Beispiel einen solchen Grad der Vollkommenheit erreicht, daß sie sich überhaupt nicht mehr zu inkarnieren braucht. Sie tat dies nur aus Mitleid. Sie wußte um die verzweifelte Lage von Seelen wie dieser, und sie wußte auch, daß sich deren Aussichten auf Erlösung durch den Kontakt mit ihr verbessern. Dies ist ein Grund dafür, warum man einen Menschen niemals allein nach der äußeren Erscheinung oder nach seinen Lebensumständen beurteilen sollte.«

Noch ein weiterer Gedanke beschäftigte Stoker: »Was meinst du mit ›Anzeichen dafür, daß er sein Schicksal ändern möchte‹?«

»Wir suchen in dieser Seele nach einem Rest der Glut des göttlichen Feuers, den wir zur Flamme entfachen können. Gegenwärtig herrscht in dieser Seele völlige Finsternis. Doch hat die Eine Quelle jede menschliche Seele anders geschaffen, und es könnten bestimmte erlösende Eigenschaften in irgendeiner inneren Kammer verborgen liegen, die nicht einmal sein Engel sehen kann.«

»Aber verdient dieser Mensch denn wirklich noch eine letzte Chance? Sind seine Morde nicht abscheulich genug, um ihn ein für allemal unter dem Felsen zu begraben?«

»Normalerweise wäre das sein Schicksal gewesen. Doch wie ich bereits erklärt habe, hat eine äußerst hochstehende Wesenheit diese Seele um einen Teil ihrer Schuld erleichtert. Sie hat durch ein Opfer ausreichend Finsternis auf sich genommen, um dieser und vielen anderen Seelen in einer ähnlichen Lage noch ein letztes irdisches Leben zu ermöglichen.«

»Wie werdet ihr feststellen, ob er in diesem Leben erfolgreich ist?«

»Diese Entscheidung liegt weder bei uns noch bei irgendeiner anderen Wesenheit. Es handelt sich um einen rein automatischen Vorgang: Wenn es ihm nicht gelingt, seine Schwingungsrate anzuheben, die gegenwärtig allein derjenigen dieses finsteren Reiches entspricht, wird es ihn nach dem Tode ganz einfach wieder hierhin zurückziehen. Doch vielleicht entwickelt er ja eine gewisse Zuneigung für einen anderen Menschen - etwa für seine Mutter oder einen anderen Säugling. Oder er könnte einen Entwicklungshelfer kennenlernen und von dessen Freundlichkeit und Sorge für andere so angetan sein, daß er trotz seines eigenen Hungers oder seiner Krankheit irgendwie versucht, dieses Vorbild nachzuahmen. Vieles ist möglich.«

»Du meinst also, dieser Massenmörder könnte sich tatsächlich in eine Art Heiligen verwandeln?«

»Du wärest über so manches entsetzt, was eure ›Heiligen‹ in ihren vergangenen Leben getan haben.« Stoker spürte, daß Thorion schmunzelte.

»Der Geist des Menschen, oder seine Seele, ist ziemlich unberechenbar. Jeder Mensch trägt Samen der Finsternis und Samen des Lichtes in sich - und die Freiheit, zwischen beiden zu wählen. Diese Samen des Möglichen können entweder zu Früchten ihrer eigenen Art entwickelt, oder aber zu etwas ganz anderem umgeformt werden. Die geistigen Führer der Menschheit hoffen, daß die meisten Menschen die Samen des Lichts zur Entfaltung bringen, die Samen der Finsternis hingegen in etwas Positives umwandeln werden. Leider haben sich jedoch viele dazu entschlossen, genau das Gegenteil zu tun. So kommen wir zu Seelen wie unserem Freund hier.« Thorion sah die beiden einen Augenblick an, bevor er fortfuhr, immer noch auf dem Wege der Gedankenübertragung: »Ich möchte, daß ihr euch dies merkt: Kein Tempel ist jemals so verschmutzt, daß er sich nicht mehr reinigen ließe. Kein Leben ist jemals so erbärmlich, daß sich in ihm nicht die Reinheit des göttlichen Lichtes widerspiegeln könnte. Und kein Herz ist jemals so sehr in Finsternis gehüllt, daß es nicht andere mit dem Segen der reinen und selbstlosen Liebe berühren könnte. Diese Umwandlungen erfordern lediglich den Willen und einen gewissen Einsatz.

Hast du nicht in deinem letzten irdischen Leben von verschiedenen Leuten gehört, die in einem Leben der Laster und des Unrechts mit bestimmten religiösen Ideen in Berührung kamen und buchstäblich über Nacht rechtschaffen und fromm wurden? Ein gutes Beispiel hierfür ist die christlich-fundamentalistische Bewegung, die eine besondere Kraft hat, diese Art von Verwandlung hervorzubringen. Die Beteiligten nennen es Erlösung und reden davon, neu geboren zu sein.«

Stoker hatte zu Lebzeiten nie viel für Religion gleich welcher Richtung übrig gehabt. »Aber ich dachte, diese Evangelisten sind alle falsche Hunde - wollen in Wirklichkeit bloß Geld machen und angehimmelt werden.«

»Für einige von ihnen trifft das sicher zu. Doch meine ich die Kraft der Bewegung als Ganzes - eine Kraft, die über den Kontakt mit dem einzelnen Prediger weit hinausgeht. Viele von ihnen sind sich der durch sie wirkenden Kräfte gar nicht bewußt und denken, es sei ihre persönliche Begabung oder ihr Charisma, was die Massen bewegt.«

»Sind diese Evangelisten jetzt also eine gute Sache oder nicht?«

»Die Prediger tun, wozu sie geboren sind. Sie hatten sich dazu bereits vor dem irdischen Leben entschieden. Ganz unabhängig von ihren persönlichen Motiven und ihrem Handeln läßt sich nicht leugnen, daß viele verfinsterte Seelen - die unserem Freund hier unter dem Felsen nicht unähnlich sind - ein plötzliches Anheben ihrer Schwingungsrate allein durch ihren Kontakt mit der Bewegung erfahren haben. Sie mögen vielleicht durch diesen Kontakt gleichzeitig auch zu einigen irrigen Ansichten gelangt sein, doch geht es uns hier zunächst einmal mehr ums Herz als um den Kopf. Nach dem Leben auf der Erde bleibt noch Zeit genug, ihnen ein umfassenderes Bild zu vermitteln. Am wichtigsten ist es, ihre Herzen für die Liebe zu Gott zu öffnen. So wird es auch keineswegs als Makel gesehen, daß sich die meisten der evangelistischen Bewegungen in ihrer Arbeit auf den Meister Jesus konzentrieren. Er verankerte tatsächlich zu Lebzeiten das reine Licht der Einen Quelle im Bewußtsein der Menschen. Doch viel wichtiger noch ist die Tatsache, daß er als *persönlicher* Erlöser betrachtet werden kann. Die Vorstellung, daß sich jemand um einen persönlich kümmert und daß man persönlich errettet wird, hat eine außerordentliche Kraft, verschlossene Herzen zu öffnen. Die evangelistische Bewegung hat sich also durchaus den Absichten gemäß entwickelt und Millionen von Seelen zu einer Aussicht auf Erlösung (d.h. auf Anheben ihrer Schwingungsrate durch Liebe und den Dienst an anderen) verholfen, die vielleicht auf keinem anderen Wege zu erreichen gewesen wären.«

Thorion wandte sich wieder dem Geschehen zu. Der Engel hatte jetzt beide Arme in Richtung des Felsblocks ausgestreckt, unter dem der Massenmörder begraben lag. Langsam, kaum wahrnehmbar, stieg der Felsen nach oben. Bald hatte er sich völlig von der elenden Seele gelöst, die noch so dalag wie seit Jahrhunderten. Dann schwankte der Mann langsam und unbeholfen auf die Beine und sah voller Erstaunen den strahlenden Engel vor sich. Der Engel nahm ihn bei der Hand, und die beiden wurden langsam unsichtbar. Kurz darauf später waren sie verschwunden. Der Felsen schwebte sanft zum Boden zurück, als wöge er kaum mehr als ein Luftballon.

Stoker sah sich um sich und bemerkte, daß Thorion verschwunden war. »Hm«, brummte er. »Ich muß doch lernen, wie er das immer macht...«

Thorion sandte ihm einen Gedanken: »Alles zu seiner Zeit. Zuerst mußt du dir die Befreiung aus dieser Ebene erarbeiten und einige weitere Phasen durchschreiten. Dann können wir dir zeigen, wie man sich allein mit Hilfe der Vorstellungskraft fortbewegt. Es ist eigentlich ganz einfach, wenn man den Dreh einmal heraushat.«

Stoker und Tariq ließen Thorions Worte auf sich wirken. Dann bat Stoker: »Zeigst du mir jetzt diese Felder?«

»Gerne«, erwiderte der andere, »doch müßtest du mir wieder helfen.«

Stoker kniete nieder, damit Tariq auf seinen Rücken klettern konnte, und sie zogen los in die Richtung, wo sie die Tageslicht-Felder vermuteten. Sie waren bereits mehrere Kilometer gewandert, bevor Stoker zugab, sich verlaufen zu haben: »Als wir den Umweg gemacht haben, um den Typ unter dem Felsen zu sehen, bin ich durcheinander gekommen«, entschuldigte er sich. »Weißt du, in welche Richtung wir müssen?«

»Nein, keine Ahnung. Aber da hinten rechts flackert etwas - sieht aus wie ein Feuer. Sollen wir uns das einmal ansehen?«

Stoker nickte nur und ging in die angezeigte Richtung. »Wie weit ist es wohl?«

»Höchstens eine Viertelstunde. Kannst du noch?«

»Ja, schon. Das Komische ist, ich scheine sogar immer stärker zu werden. Weiß auch nicht warum.« Da sah er innerlich das Lächeln Thorions und erkannte im gleichen Augenblick, daß seine neugewonnene Kraft etwas damit zu tun hatte, daß er Tariq trug. Er behielt dies für sich.

Die Zeit verstrich schnell, und schon bald stiegen sie den leichten Abhang eines kleineren Hügels hinauf, hinter dem das Flackern auf ein größeres Feuer schließen ließ.

»Laß mich besser hinunter«, flüsterte Tariq. »Wer weiß, was da vorne los ist...« Der Krüppel kletterte schnell von Stokers Rücken, und auf Händen und Füßen krochen sie vorsichtig an die Hügelkante heran.

Der Anblick überraschte sie. Da waren mehrere Leute in Kapuzengewändern um ein munter loderndes Feuer versammelt und warfen hin und wieder Stöcke hinein. Etwa zehn Meter davon entfernt stand ein Doppeldecker im Londoner Stil. Er war völlig weiß und hatte nur einen Eingang, welcher sich im vorderen Teil befand. Auch das Licht im Innern des Busses war ungewöhnlich: Gleich beim Eingang war es genauso dunkel wie in der Umgebung, doch je weiter man auf dem unteren Deck nach hinten ging, desto heller wurde es. Hinten angelangt, führte dann eine eiserne Wendeltreppe hinauf zum oberen Deck. Dort nahm das Licht nach vorne hin so stark zu, daß Stoker den Anblick der vorderen Fenster nicht ertragen konnte. Wenn jetzt also ein Passagier vom Einstieg im vorderen Teil des Busses nach hinten durchgehen, die Wendeltreppe hinauf und dann auf dem oberen Deck wieder nach vorne gehen würde, wäre er immer stärkerem Licht ausgesetzt. Stoker dachte an die Kerze, bei der er Tariq getroffen hatte. Vielleicht hatte dieser Bus ja eine ähnliche Funktion: Er könnte als eine Art Meßgerät dafür dienen, wieviel Licht ein Mensch ertragen kann.

»Genau«, bestätigte Thorion unvermittelt auf dem Gedankenwege.

»Thorion? Wo bist du?« Stoker wandte sich um und erwartete schon, Thorion unmittelbar hinter sich zu erblicken. Doch da war niemand. Als er sich wieder umdrehte, bemerkte er, daß einer der Menschen bei dem Feuer mit dem gewohnten aufgeweckten Lächeln zu ihm hinübersah. »Bist du's?« Stoker hatte sich bereits an die Kommunikation per Gedanken gewöhnt.

Thorion schlug die Kapuze zurück, kam den beiden einige Schritte entgegen und winkte sie dann zu sich herüber. »Der Schein des Feuers wird euch nicht weh tun«, beruhigte er sie.

Die beiden gingen den leichten Abhang hinunter auf das Feuer zu. In diesem Reich, in dem es weder Straßen noch Tankstellen gab, hatte Stoker nicht gerade einen Omnibus irdischer Bauweise erwartet. Thorion erklärte: »Nur eine kleine Überraschung, die wir gelegentlich manifestieren, wenn eine bestimmte Art von Seelen diesen Ort verlassen möchte und dazu positive Schritte unternommen hat. Natürlich wäre ein solches Gefährt nicht für jeden geeignet - man muß auch erkennen, was es darstellt.«

»Doch was stellt es dar?« Stoker starrte noch immer ungläubig in Richtung des Gefährts, das so gar nicht hierher passen wollte.

»Viele Menschen haben vor nicht allzu langer Zeit eine Inkarnation in England oder einem anderem Industriestaat gelebt, wo man Lindenbusse wie diesen mit Fortschritt und dem Komfort der Zivilisation verband. Sie hätten also relativ wenig Bedenken, sich einem solchen Gefährt anzuvertrauen - ohne natürlich zu wissen, daß wir es erst kurz zuvor durch die Kraft der Gedanken heraufbeschworen haben.«

»Du sagtest, diese Seelen hätten sich dazu entschieden, diesen Ort zu verlassen. Heißt das, daß der Bus tatsächlich fährt? Ich meine, wird er sie wirklich zu einer anderen Ebene bringen?«

»Gewiß. Gib acht, während ich den anderen Bescheid sage, daß der Bus da ist.«

Thorion blieb, wo er war, und konzentrierte sich. Einen Augenblick später lösten sich zwei Leute von dem Feuer und gingen auf den Bus zu. Der erste stieg vorne in den Bus - dann zögerte er. Langsam, Schritt für Schritt, tastete er sich das untere Deck entlang nach hinten. Auf halbem Wege hob er die Arme zum Schutz gegen das Licht, welches offenbar von der Decke strömte. Er war fast bis zur Wendeltreppe gekommen, als er abrupt stehenblieb, die Arme schützend über den Kopf hielt und auf die Knie fiel. Da passierte etwas ganz Erstaunliches: Thorion, der die ganze Zeit neben Stoker gestanden hatte, verschwand und erschien im gleichen Augenblick im Innern des Busses unmittelbar vor dem knienden Mann. Stoker sah, wie Thorion sich bückte und dem Mann behutsam auf die Beine half. Dann verschwanden die beiden und tauchten gleichzeitig beim Feuer wieder auf. Einen Augenblick später entmaterialisierte sich Thorion ein weiteres Mal und erschien wieder neben Stoker.

Wie in Antwort auf die Sprachlosigkeit des stämmigen Mannes sagte Thorion: »Vermutlich hat dich all dieses Auftauchen und Verschwinden ein wenig verwirrt. Das ist nur verständlich, weil du noch immer dazu neigst, deinen Körper mit deinem individuellen Sein zu verwechseln. Wie die meisten Menschen glaubst du, daß mit dem Körper auch das Bewußtsein aufhört. Doch ist in Wahrheit genau das Gegenteil der Fall: Wenn das Bewußtsein erst einmal von den Beschränkungen des Körpers frei ist, ist es viel beweglicher.«

Stoker war noch immer wie benommen von dem, was er da gesehen hatte. »Aber von welchem Körper redest du denn überhaupt? Es scheint ja gerade so, als hätte man zwei davon: den, den ich im elektrischen Stuhl zurückgelassen habe...«

»Dein physischer Körper«, ergänzte Thorion.

»Ja, mein physischer Körper. Doch wie steht es dann mit diesem hier?«

»Er wird bei vielen Namen genannt. Ich schlage vor, du nennst ihn deinen Astralkörper.«

»Gut. Und diesen Körper werde ich also eines Tages auch hinter mir lassen?«

»Natürlich. Doch bis dahin ist es noch ein weiter Weg, und vielleicht wirst du vorher auch noch mehrere Inkarnationen auf der physischen Ebene durchleben. Wenn du dich einmal mit keinem Körper gleich welcher Art mehr identifizierst, werde ich dir zeigen, wie man sich augenblicklich von einem Ort zum anderen bewegen kann - so wie ich es gerade getan habe.«

»Eines noch: Warum ist der Mann mitten im Bus zusammengebrochen?«

»Er hatte sich zu weit in die immer größere Helligkeit vorgewagt. Seine eigene elementare Schwingung vertrug sich einfach nicht mit der Intensität des Lichtes im hinteren Teil des Busses, daher brannte das Licht überall, wo es seine Haut berührte.«

»Und wenn er sich am ganzen Körper vollständig bedeckt hätte, hätte er es dann bis aufs obere Deck schaffen können?«

»Nein. Das heißt, jedenfalls nicht auf Dauer. Das Schwingungsumfeld besteht aus vielen verschiedenen Frequenzen, und nur ein Teil davon wird durch die Kleidung zurückgehalten. Die übrigen Schwingungen hätten ihn schließlich auf eine angemessene Lichtstärke zurückgedrängt.«

»Dann gibt es also für ihn keine Hoffnung?«

»Natürlich gibt es Hoffnung für ihn. Allein die Tatsache, daß er den Bus bestiegen hat, beweist, daß er sich aus diesem selbstgebauten Gefängnis befreien möchte. Wir werden ihm erklären, daß man nur durch den Dienst an anderen zu den freundlicheren Ebenen gelangen kann. Dies ist zugleich der schnellste Weg, seine eigene Schwingungsrate anzuheben. Ihm wird die Gelegenheit gegeben werden, einem anderen Menschen zu helfen, und falls er sie wahrnimmt, wird er ziemlich bald von hier frei sein.«

Der zweite Mann war draußen vor dem Bus stehengeblieben, während Thorion seinem Gefährten zu Hilfe gekommen war. Jetzt stieg er ein. Er hatte sich die Kapuze tief ins Gesicht gezogen und die Hände in die Ärmel seines schmutzig-schwarzen Gewandes gewickelt.

»Gib acht«, sandte Thorion ihm einen Gedanken. »Dieser hat einen Grad des Verstehens erreicht, der ihn bis zur Wendeltreppe vorlassen wird, vielleicht sogar bis auf das obere Deck. Allerdings hat er sein Herz noch nicht durch den Dienst an seinen Mitmenschen geöffnet, und daher wird er sich merkwürdig desorientiert fühlen, sobald er an eine bestimmte Stelle kommt.«

»Und wo genau wird das passieren?«

»Eine interessante Frage. Um ehrlich zu sein, wir wissen es auch nicht und müssen den Ausgang des Experiments abwarten.«

»Wie? Ich meine, gibt es hier etwas, was du nicht weißt?«

Thorion lachte leise in sich hinein. »Du hast offenbar überspannte Vorstellungen von unseren Kräften entwickelt. Nur weil ich mich mit Hilfe der Gedankenkraft fortbewegen kann, vermag ich noch lange nicht alle Feinheiten des menschlichen Herzens zu lesen. Nur die Eine Quelle kennt die wahren Dimensionen eines jeden Wesens.«

Der zweite Mann ging zügig nach hinten durch und zeigte bisher keinerlei Anzeichen des Unbehagens. Vor der Treppe zum oberen Deck zögerte er. Vorsichtig streckte er seinen linken Arm vor und setzte ihn dem Licht aus. Einen Moment später folgte der rechte. Dann ergriff er entschlossen das Geländer und begann, die Wendeltreppe hinaufzusteigen. Auf halbem Wege hielt er plötzlich an und faßte sich an die Brust, als fiele ihm das Atmen schwer.

»Bekommt er jetzt keine Luft mehr?«, fragte Stoker.

Doch, schon. Aber er hat seine Grenze erreicht und wird für diese Fahrt auf dem unteren Deck bleiben müssen.« Sie sahen, wie der Mann die Treppe hinunterstolperte und in den erstbesten Sitz neben der Treppe fiel.

Da wandte sich Thorion Stoker und Tariq zu: »Also, wie steht es mit euch - kommt ihr mit?«

»Ich?«, fragte Stoker angenehm überrascht. »Aber würde mir denn das Licht nicht weh tun wie dem ersten Mann?«

»Ihr werdet wohl beide problemlos durch die Tür kommen. Stoker, du solltest das gedämpfte Licht etwa in der Mitte des unteren Decks ertragen können. Tariq, du wirst dich wahrscheinlich auf einem Sitz gleich beim Eingang wohler fühlen. Also was ist, kommt ihr mit?«

Die beiden sahen einander an und nickten.

»Prima. Ausgezeichnet. Nun, wenn ihr wissen wollt, wie es ist, von einem Ort zu verschwinden und an einem anderen wieder aufzutauchen, nehmt einfach meine Hand.« Tariq wich zurück, als Thorion ihm die Hand reichte. Stoker zögerte einen Augenblick und nahm dann Thorions linke Hand. »Tariq geht lieber zu Fuß zum Bus«, lächelte Thorion verständnisvoll. »Du, Stoker, nimm einfach einen tiefen Atemzug und versuche, dein Bewußtsein von allen Gedanken freizumachen. Außerdem solltest du beim ersten Mal vielleicht die Augen schließen, dann ist es nicht ganz so desorientierend.«

Stoker folgte Thorions Anweisungen, so gut er konnte, und wartete auf irgendeinen Ruck oder Aufprall. Da spürte er plötzlich, daß er auf einer harten Bank saß, während er noch immer Thorions Hand hielt. »Gut. Da wären wir«, sagte Thorion.

Stoker öffnete die Augen. Er saß im Bus! Durch das Fenster konnte er in einiger Entfernung das munter flackernde Feuer sehen. Thorion blickte zu ihm hinunter und fügte lachend hinzu: »Und ich bin der Reiseleiter.« Er nahm auf dem Fahrersitz Platz. Inzwischen war auch Tariq angekommen. Er schützte seine Augen vor dem Licht. »Setz dich am besten gleich hier vorne hin«, sagte Thorion sanft zu dem mißgestalteten Mann und deutete mit einem Nicken auf den ersten Sitz.

»Endlich kann ich mir den armen Krüppel, den ich die ganze Zeit herumgetragen habe, einmal genauer ansehen«, dachte Stoker. Offenbar seines Gedankens bewußt, wandte Tariq sich um und schlug die Kapuze zurück. Stoker krampfte es das Herz zusammen, als er seinem Begleiter unmittelbar ins Gesicht sah. Der Kopf war zu einem Hohn auf die menschliche Physiognomie entstellt. Tiefes Mitleid und eine Betroffenheit ergriffen Stoker, wie er sie in seiner vergangenen Inkarnation nicht gekannt hatte. So überwältigend waren diese Gefühle, daß Stoker, nachdem sie sich etwas beruhigt hatten, in Gedanken eine Frage an Thorion formulierte. Es leuchtete ihm nicht ganz ein, warum er solches Mitleid mit einem Menschen fühlte, der doch so viele zu Tode gefoltert hatte.

»Diese Frage solltest du dir wenigstens teilweise selbst beantworten können.« erwiderte Thorion. »Ihr beide seid euch schon oft zuvor begegnet. Ihr wart Vater und Sohn, Brüder, Freunde und Gefährten - und immer hat Tariq dir nachgeeifert. Du hast ihm viele Dinge beigebracht: wie man jagt, liebt, erfolgreich ist... und wie man tötet. Deinem Vorbild ist er gefolgt, als er in seinem vergangenen Leben so viele in den Tod geschickt hat. Es ist für ihn eine Art Seelengedächtnis der Machtgefühle, die jedesmal von der finsteren Seite des Bewußtseins emporsteigen, wenn ein Mensch absichtlich einen anderen tötet. Du warst es, der ihn mit solchen Gefühlen vertraut gemacht hat.« Stoker wand sich innerlich bei dem Gedanken, wozu er da den Anstoß gegeben hatte.

»Noch etwas solltest du in diesem Zusammenhang wissen. Als du dich in deinem physischen Körper befandest, konntest du Gefühle wie Mitleid und Liebe einfach von dir abprallen lassen. Der dichte irdische Körper kann hierzu als Barriere eingesetzt werden - und du verstandest dich gut darauf. Das astrale Gefährt hingegen, welches du jetzt bewohnst, reagiert weitaus empfindlicher auf Gefühle. Während der Inkarnation auf der Erde decken sich die beiden Körper im Wachbewußtsein, und der Astralkörper ist der Sitz der Gefühle.

Der letzte Teil der Antwort ist etwas komplizierter«, fuhr Thorion fort. »Jedesmal wenn du einen Menschen in Leid oder in einem bemitleidenswerten Zustand siehst, rührt dies in deinem Seelengedächtnis an eine Erinnerung, als du selbst ähnlich gelitten hast. Je mehr du gelitten hast, desto leichter gelangen diese Erinnerungen ins Oberbewußtsein zurück. Dies ist die Quelle allen Mitleids, zu dem die Menschheit fähig ist: Mitleid heißt *leiden mit jemandem.* Hättest du selbst nie gelitten, würde dich der Schmerz eines anderen nicht berühren.«

Thorion schien davon auszugehen, daß er die Frage zu Stokers Zufriedenheit beantwortet hatte, und inspizierte nun die zahlreichen Knöpfe und Hebel, die sich vor ihm befanden. »Hmmh«, sann er laut nach. »Wofür die wohl alle gut sind...«

»Ich dachte, du hättest diesen Bus gemacht«, protestierte Stoker. »Solltest du da nicht wissen, wie er funktioniert?«

»Ah, nun, da sind wir bei einem interessanten Punkt angelangt«, erwiderte Thorion. »Es ist wohl richtig, daß dieses Gefährt durch meine Gedankenenergie manifestiert wurde, doch muß ich darum noch lange nicht jede einzelne Schraube und Lampenfassung kennen - oder gar wissen, wie man so einen Bus fährt. Wie soll ich das erklären... Von diesem Bus sind viele Tausende aus physischer Materie hergestellt worden, von Menschen, die lange über Funktion und Design nachgedacht haben. Daher gibt es eine Art fotografischen Abdruck im Geiststoff des Kosmos, oder nennen wir es besser das Universalarchiv. Wenn man jetzt also in der astralen Materie einen solchen Bus oder irgendeinen anderen Gegenstand nachbauen möchte, von dem ein so deutlicher Abdruck im Universalarchiv vorliegt, braucht man nur das allgemeine Bild vor dem inneren Auge zu halten, während man gleichzeitig einen Gedankenstrahl auf die Stelle richtet, an der sich der Gegenstand manifestieren soll. Dann wird das Universalarchiv schnell auf den Abdruck hin durchsucht, der dem Gedankenbild am nächsten kommt, und nach dieser Vorlage wird der Gegenstand aus der Materie der jeweiligen Ebene nachgebildet.«

»Du meinst, der Bus steht plötzlich einfach so da - schwupp, und da ist er?«

»Nicht ganz. Man muß den Fluß konzentrierter Gedankenenergie schon eine Weile aufrechterhalten, dann wird sich der Gegenstand langsam vor den Augen herausbilden - zuerst hauchdünn und durchsichtig, dann immer fester, bis schließlich...« - Thorion schlug mit der flachen Hand auf das Armaturenbrett - »Na, was könnte echter sein als dies?«

»Wir auf der Erde stellen unsere Busse aber etwas anders her«, entgegnete Stoker. »Wir müssen zuerst die einzelnen Teile aus unterschiedlichen Materialien fertigen: Metall, Plastik, Glas...«

»Selbstverständlich. Aber das ist die physische Materie. Ich habe den Prozeß für die astrale beschrieben. Und bei der ätherischen ist es wieder anders. Die Reaktionszeit ist viel kürzer. Kaum hat man an etwas gedacht, und da ist es auch schon. Daran muß man sich erst etwas gewöhnen... Auch auf der physischen Ebene kann sich die Gedankenenergie auf verschiedene Weise manifestieren. Der Prozeß verläuft hier zwar weitaus langsamer als in der Astralwelt, doch genauso zuverlässig.

Nehmen wir zum Beispiel einen Menschen, der ein Leben lang jegliche Gefühlsregungen - gleich ob positiv oder negativ - unterdrückt, weil er ständig fürchtet, die Beherrschung zu verlieren. Ein solcher Mensch wird einen großen Überhang ungelebter Gefühle anstauen und sich notgedrungen eine ernste Nierenkrankheit zuziehen. Dies hängt mit der engen Verwandtschaft zwischen der Nierenfunktion und dem natürlichen Prozeß zusammen, den dieser Mensch unterdrückt. Die Nieren transportieren nämlich Stoffe aus dem Inneren des Körpers - vor allem die Giftstoffe aus dem Blut - nach außen. Und das Blut ist derjenige Bestandteil des menschlichen Körpers, der den Gefühlen am engsten verwandt ist. Immer wenn ein Mensch den natürlichen Ausdruck seiner Gefühle über eine längere Zeit hinweg hemmt, schlägt dies auf die Nierenfunktion zurück und wird sich schließlich als die eine oder andere Nierenkrankheit manifestieren. Dies geschieht unabhängig davon, was jeweils unterdrückt wird - ob es sich um Wut, den Groll gegen einen ständig betrunkenen Ehepartner, oder vielleicht sogar um etwas Positives wie ein musikalisches Talent oder Hellsichtigkeit handelt. In manchen Fällen könnte man natürlich das, was angestaut wird, einfach manifestieren. In anderen wäre es besser, das Gefühl nicht weiter zu nähren, dann brauchte man es später nicht nach außen zu tragen. Dies könnte zum Beispiel funktionieren, falls der Partner eine unangenehme Gewohnheit hat, die man aber nicht offen kritisiert. Höre einfach auf, immer kritisieren zu wollen - doch ist dies natürlich leichter gesagt als getan.

Ein anderes Beispiel ist die Prostata-Erkrankung bei älteren Männern. Der Funktion dieser Drüse entsprechend, ist sie ein natürlicher Angriffspunkt für Komplikationen, wenn ein Mann mit seinen Gedanken bei der Sexualität verweilt ohne die Gelegenheit oder Fähigkeit, sie bis zu ihrem natürlichen Höhepunkt zu führen. Über mehrere Jahre hinweg wird die dabei angestaute Gedankenenergie die Prostata schwächen und sie für bakterielle Infektionen oder Krebs anfällig machen.

Ein letztes Beispiel betrifft ziemlich viele Menschen, nämlich die Tatsache, daß die Angst vor dem Altern selbst den Alterungsprozeß gerade beschleunigt. Du bist dir ja bereits über die außerordentliche Macht der Gedanken im klaren. Wie ein Mensch sich selbst sieht, hat einen großen Einfluß auf sein tatsächliches Aussehen. Leider werben viele Hersteller von Produkten für ein jugendliches Aussehen, indem sie den Verbrauchern Angst vor dem Altern einjagen. Wenn ein Mensch ständig Angst vor dem Altern hat, so wirkt dies wie ein inneres ›Vor-Bild‹, an das sich der Körper schließlich anpassen wird.

»Aber deine Beispiele beziehen sich doch nicht auf Gegenstände, die sich hier unmittelbar vor unseren Augen manifestieren - wie der Bus«, entgegnete Stoker.

»Das ist wahr. Solche Schöpfung ist in der physischen Materie sehr schwierig, wenn auch nicht unmöglich. Es sind gegenwärtig Wesenheiten inkarniert, die so etwas vollbringen können, doch sind die meisten Individuen hierzu auf die günstigeren Bedingungen der ätherischen oder der Astralebene angewiesen.

Ich schlage vor, wir fahren mal los. Unser Passagier im hinteren Teil hat die Verzögerung bemerkt.«

Ohne das Lenkrad oder einen der Hebel zu berühren, konzentrierte sich Thorion einfach auf das geistige Bild des Busses, wie er vom Boden abhob und sich auf den Fluß des Blutes zubewegte. Der Bus reagierte sofort auf diesen visuellen Befehl.

Stoker schaute angestrengt aus dem Fenster und versuchte, die alles verschlingende ewige Nacht zu durchdringen. Das Feuer war hinter ihnen zurückgeblieben, und hier und dort, scheinbar willkürlich verstreut, tauchten weitere flackernde Lichtpunkte aus der Dunkelheit auf. Stoker fragte Thorion in Gedanken nach ihrer Bedeutung.

»Im Grunde genommen alle gleich«, kam Thorions Antwort. »Wir unterhalten verschiedene Lagerfeuer als Kontaktstellen für Seelen, die sich auf die Befreiung aus dieser selbstgeschaffenen Hölle vorbereiten wollen. Falls jemand kommt, erscheinen wir und bieten jede nur mögliche Hilfe und Erklärung an. Die Entscheidung liegt natürlich bei ihnen selbst, und wir können nicht viel mehr tun als ihnen versichern, daß ihr Verlangen nach einer besseren Umgebung nur natürlich ist, daß die höheren Ebenen tatsächlich existieren und sie selbst den Schlüssel dazu in ihrem Innern tragen.«

Stoker konzentrierte sich jetzt auf das, was vor ihnen lag. Fern am Horizont erstreckte sich ein schwaches Leuchten. Das Licht kam Stoker bekannt vor, und Thorion bestätigte ihm mit einem Gedanken, daß es von den Tageslicht-Feldern herrührte.

Der Bus jagte dahin, und schon bald konnte Stoker den Fluß des Blutes ausmachen. Er schien die Grenze zu einer weitaus besser erleuchteten Gegend zu markieren. »Woher kommt das Licht?«, wollte Stoker wissen.

»Das Licht der Tageslicht-Felder ist nicht dem irdischen Tageslicht vergleichbar. Die Tageslicht-Felder werden unentwegt von den Wesenheiten erleuchtet, die dieses Reich erschaffen haben und für sein Fortbestehen verantwortlich sind. Wieviel von dem gespendeten Licht aber tatsächlich zu einer Ebene durchdringen kann, das hängt vom Denken und Fühlen ihrer Bewohner ab. Sind ihre Gedanken und Gefühle vorwiegend finster und negativ, so wird das von den Wächtern der jeweiligen Ebene gespendete Licht wie durch eine Wolkendecke abgeschirmt. Am stärksten geschieht dies an dem Ort, den wir gerade verlassen.«

»Wird uns denn der Fluß nicht zurückhalten?« Stoker erinnerte sich, wie die Kerze ihn daran gehindert hatte, die Inschrift zu lesen.

»Nein. Solange du im Bus bleibst, bist du vor allen Schwingungseinflüssen aus der Umgebung geschützt.«

Schnell überquerte das astrale Gefährt den brodelnden Fluß und glitt nun über eine Ebene hinweg, die sich von der vorigen nur in der Helligkeit unterschied. Das Licht war zweifellos stärker, doch war es ein kaltes, unversöhnliches Licht, das die Umrisse der Umgebung in scharfen Kontrast warf wie eine kraterbedeckte Mondlandschaft unter dem gleißenden Licht der Sonne. Der Boden war hart und felsig, und hier und da sah man kleine Gruppen in Gewänder gekleideter Menschen, deren geschäftiges Tun Stoker nur erahnen konnte.

Thorion war sich Stokers Interesse bewußt und bot eine kurze Erklärung an: »Das finstere Land, das wir gerade verlassen haben, ist die unterste der sogenannten Astralebenen. Die dortige ewige Nacht ist keine natürliche Bedingung, sondern rührt von der kollektiven Finsternis im Bewußtsein derer her, die sich dort aufhalten. Dagegen sind die Bewohner der Region, die wir gerade überfliegen, in ihrem Verständnis des Aufbaus und Zwecks der verschiedenen Ebenen weitaus fortgeschrittener. Vielleicht fragst du dich, warum solche Seelen, die doch verstehen, nicht weiter aufsteigen können zu den angenehmeren Ebenen. Der Grund hierfür liegt in einer unausgewogenen Entwicklung der bereits erwähnten dualen Herz-/Kopffunktion. Erinnerst du dich, wie der zweite Passagier die Treppe hinten im Bus nicht hinaufsteigen konnte und sich mit einem Sitz auf dem unteren, weniger erleuchteten Deck begnügen mußte? Was ihn zurückhielt, war nicht so sehr ein Mangel an Verstehen, als vielmehr sein verschlossenes Herz. Über mehrere Inkarnationen hinweg hat er alle wärmeren Gefühlsschattierungen wie Wohlwollen, Mitleid und Liebe erstickt und allein Haß, Verachtung und Selbstsucht geschürt. In geringerem Maße haben auch die Bewohner des unter uns liegenden Reiches die fürsorgliche, mitfühlende Seite in sich vernachlässigt und nur die negativen emotionalen Aspekte ihrer Persönlichkeit nach außen getragen. Sie werden so lange hierbleiben müssen, bis sie zulassen, daß sich ihr Herz in gleichem Maße entwickelt wie ihr Kopf.

Wie gesagt, entspricht die unterschiedliche Helligkeit in diesem Bus exakt den verschiedenen Licht- und Schwingungsverhältnissen der sieben astralen Hauptebenen. Darum ist dieses Gefährt so hilfreich bei der Einstufung der Seelen, die damit fahren möchten. Wir haben die Grenzen im Bus nicht markiert, aber man kann davon ausgehen, daß die unterste Ebene, die wir gerade verlassen haben, in etwa den ersten fünf Sitzreihen auf dem unteren Deck entspricht. Tariq zum Beispiel hätte nicht ohne große Schmerzen weitergekonnt, als wo er sich jetzt befindet. Du hingegen sitzt auf der Grenze zwischen der ersten und der zweiten Hauptebene. Diesen leichten Aufstieg verdankst du vor allem deiner Freundlichkeit Tariq gegenüber. Falls du für deinen Fortschritt einen Beweis möchtest, sieh dir nur einmal deine Arme an.«

Stoker blickte auf seine bloßen Handgelenke und stellte überrascht fest, daß die Haut ganz normal aussah. Er erinnerte sich, wie schäbig und fleckig sie bei seiner Ankunft in dem Schattenreich gewesen war.

»Das untere Deck entspricht in seiner Lichtstärke etwa den beiden untersten Astralebenen, das obere den fünf höheren Ebenen«, fuhr Thorion fort.

»Doch warum diese ungleiche Verteilung? Ich meine, die beiden Decks sind doch annähernd gleich groß. Wieso entspricht da das eine zwei Ebenen, das andere aber fünf?«

»Wir nehmen viel mehr Passagiere aus den beiden untersten Ebenen mit«, erklärte Thorion. »Außerdem verfügen Seelen, die sich bereits auf einer der fünf höheren Ebenen befinden, noch über eine andere Methode, sich zwischen den Ebenen zu bewegen, und ihre Lehrer helfen ihnen dabei. Doch werden Gefährte dieser Art tatsächlich auch von Bewohnern der höheren Ebenen benutzt, wenn sie in die zwei untersten Ebenen hinabsteigen wollen. Sie sitzen dann natürlich auf dem oberen Deck, und der Bus schützt sie vor den Schwingungen der finsteren Regionen, ganz so wie er dich vor dem schmerzenden Licht weiter oben schützt.

Übrigens war die Mauer, die dir kurz nach deiner Ankunft im Astralreich den Weg nach oben versperrte, ebenfalls ein Teil der Grenze zwischen den beiden untersten Ebenen, und sie hat somit eine dem Fluß des Blutes vergleichbare Funktion.«

Stoker blickte aus dem Fenster und sah, daß das Land unter ihnen nach wie vor wenig einladend war. Doch hatte das Licht weiter zugenommen und spielte jetzt leicht ins Gelbliche. Stoker formulierte in Gedanken eine Frage an Thorion. Der antwortete ihm, ebenfalls mit einem Gedanken: »Wir haben die oberen Regionen der zweiten Astralebene erreicht und nähern uns jetzt einer wichtigen Grenze. Man kann sie nicht überqueren, indem man einfach eine Linie überschreitet oder über eine Mauer klettert. Die Sache ist etwas schwierig zu erklären, aber jede der sieben Astralebenen nimmt einen eigenen dreidimensionalen Raum ein - ohne natürliche Verbindung zwischen den Ebenen. Du könntest sie dir als getrennte Universen vorstellen. Um allerdings Individuen, die auf der untersten Ebene festsitzen, zur Suche nach lichteren Gefilden zu ermuntern, haben wir eine Reihe von *Gedankenbrücken* zur zweiten Ebene errichtet. Der Gebirgspfad war eine solche Brücke. Hätte dich deine niedrige Schwingungsrate zu jener Zeit nicht zurückgehalten, so hättest du über die Mauer klettern und die zweite Ebene erreichen können. Der Fluß des Blutes ist eine weitere solche Verbindung, denn er fließt in einer Art Zwischenraum, der die beiden Ebenen miteinander verbindet. Es gibt Menschen, die den Konsequenzen ihrer Ruchlosigkeit gefaßt gegenübertreten, und einige von ihnen sind tatsächlich tapfer genug, den Fluß zu den Tageslicht-Feldern zu durchqueren. Du kannst dir wohl denken, wieviel Mut und Selbstbeherrschung dazu gehören, um durch einen Strom von menschlichem Blut zu schwimmen, für den man wenigstens teilweise selbst verantwortlich ist.

Zwischen den anderen Ebenen gibt es jedoch keine Gedankenbrücken, und der Wanderer muß sich von den Schwingen des Geistes allein tragen lassen. Dazu konzentriert man sich einfach auf das Ziel, das man erreichen möchte, und schon wird man dorthin versetzt. Dein Körper würde von hier verschwinden und gleichzeitig auf der visualisierten Ebene wieder auftauchen. Als ich mich zwischen dem Bus und dem Feuer hin und her bewegt habe, habe ich mich eines ganz ähnlichen Verfahrens bedient.«

Stoker war verwirrt. »Heißt das, daß du diesen Körper einfach zurückläßt, so wie ich meinen physischen Körper im elektrischen Stuhl zurückgelassen habe?«

»Nein. Als du in deinem physischen Körper warst, warst du ja gleichzeitig auch in deinem astralen. Der Astralkörper nahm dabei den gleichen Raum ein wie der physische. Bei deinem Tod im elektrischen Stuhl wurden die beiden Körper voneinander getrennt, und dein Bewußtsein lebte im Astralkörper fort. Wenn ich jedoch die Astralebene wechsle, so unternimmt allein mein Bewußtsein die Reise. Der Körper, den du jetzt vor dir siehst, ist nur ein Mantel, den ich umlege, um den Seelen auf den unteren Ebenen keine Angst einzujagen. Ich selbst brauche keinen Körper, aber *sie* müssen ihn *sehen* können.«

»Aber wie machst du dir jedesmal einen neuen Körper, wenn du die Ebene wechselst? Und sieht er immer gleich aus?«

»Das ›Wie‹ ist eigentlich relativ einfach, wenn man einmal die Angst überwunden hat, keinen Körper zu haben bedeute das Ende der eigenen Existenz. Dies ist der große Stolperstein für menschliche Seelen.

Zunächst muß man erkennen, daß Körper - physische, astrale oder welche auch immer - wie Kleidungsstücke sind, die man an- und ablegen kann, ohne dabei das Bewußtsein im Innern zu verändern. Dann kann man recht schnell lernen, sich auf einem Gedankenstrahl fortzubewegen. Solange man jedoch Angst hat, wird das Bewußtsein es nicht zulassen, daß sich der Körper - in diesem Falle der astrale - so einfach auflöst. Darum haben wir die erwähnten Gedankenbrücken eingerichtet. Mit ihrer Hilfe kann man auch dann die zweite Ebene erreichen, wenn man noch den Verlust des Körpers fürchtet.«

Die leuchtende Grenze zwischen der zweiten und dritten Astralebene war jetzt viel näher herangerückt. Stoker konnte einen gelb-orangenen »Lichtvorhang« erkennen, der in langen Falten bis auf den Boden reichte. Sein oberes Ende entzog sich dem Blick. Diese lebendige Mauer, eine Kaskade flammenden Lichts, verschlug Stoker den Atem. Ein wenig ängstlich fragte er in Gedanken: »Fahren wir etwa *da* durch?«

»Natürlich«, kam die Antwort. »Aber das ist kein Grund zur Beunruhigung. Solange ihr in diesem Bus seid, braucht ihr euren jetzigen Körper nicht zu verlassen. Der Bus wird sein Äußeres automatisch den Schwingungsverhältnissen der Umgebung anpassen, ohne daß ihr davon im Innern etwas bemerken werdet.

Außerdem hast du deinen Astralkörper seit deiner Ankunft im unteren Astralreich bereits mehrere Male vorübergehend verlassen. Einmal geschah dies zum Beispiel, als du meine Hand nahmst, um in den Bus zu gelangen. Hättest du dabei die Augen geöffnet gehabt, hättest du ganz einfach gesehen, wie sich deine Umgebung ziemlich abrupt ändert.

Die Sache mit dem Umgebungswechsel ist eigentlich nur eine Frage der Geschwindigkeit. Die Menschen auf der Erde haben sich schrittweise daran gewöhnt, immer schneller zu reisen - zuerst mit Pferden, dann mit Autos, Flugzeugen und Raumfähren. Man hat erkannt, daß die Fortbewegung über ein unbewegliches Gelände einem kontinuierlichen Ändern der Umgebung gleichkommt, und das menschliche Gehirn hat sich an die immer höhere Geschwindigkeit des Umgebungswechsels angepaßt. Denk nur, was eine Pflanze oder ein Baum empfinden muß, wenn man sie aus dem Boden nimmt und mit hoher Geschwindigkeit transportiert. Diese Lebewesen waren seit ihrer Keimung an ein und derselben Stelle verwurzelt, und ihre Umgebung ändert sich normalerweise während ihres gesamten Lebens nur geringfügig. Sie wären außerordentlich desorientiert, denn ihr Erfahrungshorizont umfaßte nichts, was der Fortbewegung vergleichbar wäre. In deinem Falle ist der plötzliche Ortswechsel ganz einfach der nächste Schritt nach der Raumfahrt: Die Umgebung fließt nicht mehr mit hoher Geschwindigkeit an dir vorbei, sondern ändert sich schlagartig.«

Der Bus raste auf den Lichtvorhang zu. Stoker klammerte sich mit beiden Händen an die vor ihm liegende Rückenlehne, als sie in das Flammenmeer eintauchten, und mit offenem Mund starrte er auf die sie umgebenden Flammen. Bereits wenige Sekunden später schossen sie aus dem flammenden Vorhang hervor - doch welch ein Unterschied in der Umgebung! Sanfte Grashügel, soweit das Auge reichte, und ein blaßblauer Himmel, den irgendeine unsichtbare Quelle erhellte. Nahe der Stelle, an der sie in diese Ebene eingetreten waren, gab es kaum Bäume und Sträucher. In der Ferne konnte Stoker jedoch hier und da Gruppen von Immergrün erkennen, und das hüglige Gelände ging in die Ausläufer eines Gebirges mit schneebedeckten Gipfeln über. Die waren aber noch so weit entfernt, daß der dazwischenliegende Dunst sie fast verbarg. Stoker sah angestrengt in die Ferne.

Thorion war seine Faszination nicht entgangen, und er sandte ihm einen Gedanken: »Ja... auch wir haben hier Berge. Es gibt sie nicht nur auf der physischen Erde. Ihres symbolischen Wertes wegen trifft man sie auf den meisten der unteren Existenzebenen an - so auf allen Astralebenen.«

»Symbolischer Wert?«

»Natürlich. Sie sollen einen ständig daran erinnern, daß es noch höhere Welten zu erklimmen gibt. Sieh dir die Gipfel an, wie sie einer Pfeilspitze gleich zum Himmel weisen: Sie sind im wahrsten Sinne des Wortes ›Weg-Weiser‹. Ihr strahlendes Weiß symbolisiert die Reinheit der Motivation, die für jeden auf dem aufwärtigen Pfad unbedingt erforderlich ist. Beachte auch, wie die Hänge im unteren Teil mit Gras und Bäumen bewachsen sind, nach oben hin jedoch immer karger werden und schließlich nicht einmal mehr die Bodendecke halten können, auf die das Pflanzenleben zum Wachstum angewiesen ist. Dies versinnbildlicht, wie man alles außer dem absolut Notwendigen zurücklassen und jedem Hang nach Geringerem entsagen muß, wenn man zur Goldenen Suche aufbrechen will...« Thorions Gedanke verklang.

Stoker wunderte sich sehr über diese Enthüllung. Während des irdischen Lebens hatte er die Berge für nichts als kalt und unwirtlich gehalten und war froh gewesen, sich niemals dorthin verirrt zu haben.

»Doch genau so denken die meisten Menschen«, entgegnete Thorion. »Sie wollen einfach nicht daran erinnert werden, daß die physische Ebene nur eine Durchgangsstation auf einer langen Pilgerfahrt ist - eine Oase im Vorüberziehen, auf der der müde Wanderer die Güte der göttlichen Fügung entdecken und zu neuer Entschlossenheit finden kann. Viele sind so sehr auf das Irdische - Besitz, Lust, Macht - versessen, daß nur katastrophale Umwälzungen die Mauern um ihre Illusionen niederreißen könnten.«

Stoker beschloß, daß es an der Zeit war, das Gespräch auf eine weniger abstrakte Ebene zurückzubringen. »Das hier ist also Astralebene Nummer drei?«

»Korrekt.«

»Also gut, was machen die Leute hier? Ich meine, diese Ebene ist doch sicher für eine bestimmte Art von Verhalten und Einstellungen gedacht?«

»Allgemein gesagt«, erwiderte Thorion, »haben ihre Bewohner auf der Erde so etwas wie ein ›ehrenwertes‹ Leben geführt - sie haben die Regeln befolgt, andere Menschen respektiert, sind ihren Verpflichtungen nachgekommen und ähnliches mehr. Doch haben sie noch nicht gelernt, ihr Herz für andere zu öffnen. In vielen Fällen wurden sie sehr von denen geliebt, die um sie waren, doch kennen sie selbst das Geheimnis des Liebens noch nicht.«

»Wieso Geheimnis? Ich dachte, wenn einem die richtige Person über den Weg läuft, geschieht das alles von selbst?«

»Einer der verheerendsten Irrtümer der gegenwärtigen irdischen Zivilisation«, kommentierte Thorion. »In Wahrheit kann man jeden lieben, den man lieben *will,* selbst Menschen, die man jetzt noch als Feinde betrachtet. Dazu muß man nur üben, den Impuls der Liebe dem Willen zu unterwerfen. Mit der Zeit wird man dann einen Zustand erreichen, in dem das Herz von einer intensiven Zuneigung für die gesamte Schöpfung erfüllt ist. In diesem Zustand sind einem Haß, Abneigung oder Angst völlig fremd.«

»Wie sollte irgend jemand seinen Feind lieben können?«

»Es ist gar nicht so schwierig, wenn man sich eine kleine Visualisationsübung zu Hilfe nimmt. Stell dir einfach das Gesicht des anderen Menschen vor und eine Brücke von rosafarbenem Licht, die dein Herz mit seinem Gesicht verbindet. Wiederhole innerlich ›Ich liebe dich‹, bis du spürst, wie sich dein Herz öffnet. Dieses Öffnen des Herzens ist eine physische Realität und nicht bloß Einbildung. Wenn man dies etwa zwei Wochen lang einmal täglich durchführt, wird man den betreffenden Menschen nicht länger als Feind betrachten. Und die Sache hat einen Pluspunkt: Der andere wird sich unterschwellig dessen bewußt sein, daß sein früherer Gegner um eine Verbesserung der Beziehung bemüht ist, und wird ihn selbst bald in einem freundlicheren Licht sehen.«

Der Bus war knapp über die Grashügel hinweggeflogen und näherte sich jetzt offenbar einer Siedlung. Eine Reihe kleiner, einfacher Häuser in zarten Pastellfarben scharten sich um einen Brunnen, die meisten von ihnen mit sorgfältig gepflegten Blumenbeeten umgeben. Auf einer Anhöhe war eine ländliche Kirche errichtet, und ihr Turm überragte die Szene.

»Eine Kirche?«, wunderte sich Stoker über diesen Inbegriff irdischer Religion.

»Warum nicht?«, kam die Antwort. »Wenn die Menschen hier ankommen, denken sie keineswegs anders als im irdischen Leben. Viele von ihnen waren Kirchgänger, und sie fanden viel Trost in ihren religiösen Überzeugungen. Auf einer bestimmten seelischen Entwicklungsstufe ist es sehr hilfreich, an einen besonderen Ort oder ein Gebäude zu glauben, in dem man Gott nahe sein kann.«

»Und als nächstes wirst du sagen: Auf einer höheren Entwicklungsstufe erkennen sie dann, daß das alles dummes Zeug ist, he?«

Thorion lachte laut auf. »Ganz und gar nicht! Kirchen erfüllen die lobenswerte Funktion, die Menschen an die Existenz des Göttlichen zu erinnern. Auf einer ›höheren Stufe‹ erkennen sie dann ihr Herz als den wahren Tempel des Lebendigen Gottes. Allzu häufig mißbrauchen die Menschen die Kirche nämlich dazu, die finstere Seite ihrer eigenen Persönlichkeit nicht ins Auge fassen zu müssen. Gern beschränken sie ihren Gott auf die physische Kirche oder den Tempel, und es ist ihnen ganz angenehm, daß man ihn nur am Sabbat zu besuchen braucht. Auf diese Weise sind ihre alltäglichen Ungerechtigkeiten nicht ständig dem Licht des Göttlichen ausgesetzt.«

Stoker hatte den Worten seines geistigen Helfers so interessiert zugehört, daß er darüber Tariq völlig vergessen hatte. Er fragte sich, ob der arme Kerl wohl ihren Gedankenaustausch verfolgt hatte.

»Nein«, war Thorions Antwort. »Er ist auf die Ideen, die wir gerade besprochen haben, nicht genügend vorbereitet, und daher habe ich ihn von der Gedankenverbindung abgeschirmt.«

»Aber *ich* weiß doch gar nicht, wie man so etwas macht. Kann denn Tariq da nicht wenigstens meinen Teil der Unterhaltung mithören?«

»Nein. Ich habe sein Bewußtsein sowohl gegen meine eigenen als auch gegen deine Gedanken abgeschirmt.« Thorion ging nicht näher auf die Sache ein.

»Und bei all diesem Reden und Abschirmen läßt du gleichzeitig auch noch diesen Bus, ähm... fliegen?«

»Wenn du erst einmal gelernt hast, wie man's macht, wirst du selbst sehen, wie einfach es ist. Ich habe mich zugleich auch geistig mit Tariq und dem anderen Passagier unterhalten. Jeder ihrer Gedanken hatte meine volle Aufmerksamkeit.«

»Auf der Erde nennen wir so etwas Prahlerei.«

Thorion lachte wieder. »Verzeih, aber ich habe dir nur ein vollständigeres Bild gegeben, ganz einfach die Wahrheit gesagt. Prahlerei, wie man sie auf der Erde kennt, beruht doch letztlich immer auf dem Motiv, anderen imponieren zu wollen. Ich kann dir versichern, daß dies nicht meine Absicht war. In Wirklichkeit ist sogar *falsche Bescheidenheit* - das Gegenstück zur Prahlerei - auf den höheren Ebenen ein viel größeres

Problem. Falsche Bescheidenheit ist noch viel egoistischer als Prahlerei, denn bei all ihrer vorgeblichen Zurückhaltung sagt sie in Wirklichkeit: ›Seht her, wie bescheiden ich bin, und das auch noch zusätzlich zu all meinen sonstigen wunderbaren Eigenschaften‹. Viele, die sich als geistig Suchende betrachten, stolpern hierüber.«

Der Bus hatte jetzt die ersten Häuser der Kleinstadt erreicht. Sanft wie ein Heißluftballon schwebte er zu Boden, und Stoker spürte, wie die vier Räder aufsetzten. An einem einfachen Wartehäuschen stand ein junges Paar unter. Der Mann war vielleicht Anfang dreißig, die Frau eher noch ein junges Mädchen. Der Mann trug bäuerliche Kleidung, und das junge Mädchen ein einfaches Kleid in grau und rosa. Beide waren blond und hatten blaue Augen. Sie hielten Hände und lächelten freundlich.

Thorion fuhr an die Seite und öffnete die Tür. Das Paar stieg ein. »Jede Menge Platz auf dem oberen Deck«, sagte Thorion laut.

»Vielen Dank«, sagten die beiden fast gleichzeitig. Stoker fand es merkwürdig, Thorion auf einmal laut sprechen zu hören. Er wollte gerade eine Frage formulieren, als Thorion ihm mit der Antwort zuvorkam: »Nur aus Höflichkeit. Indem ich sie anspreche, lasse ich ihnen selbst die Wahl, zur Gedankenübertragung überzugehen. Manche bevorzugen die weniger aufdringliche hörbare Sprache, besonders wenn sie in unbekannte Regionen aufbrechen.«

»Unbekannte Regionen?«

»Auch sie möchten die höheren Ebenen besichtigen, denn sie glauben, daß ihnen dies guttun wird. Es geht ihnen dabei vor allem um die fünfte Astralebene. Dort wird die harte Arbeit an der Liebesfacette der menschlichen Persönlichkeit geleistet. Bei den Individuen auf jener Ebene wird der Impuls der Liebe bereits durch den Willen kontrolliert, und sie haben gelernt, die gesamte Schöpfung zu lieben. Allerdings können sie diese Kraft noch nicht unmittelbar in eigene Schöpfung umsetzen.«

»Wie bitte?«

»Es gibt nur eine schöpferische Kraft im Kosmos, und das ist die Liebe. Damit meine ich nicht jenen blassen egozentrischen Abglanz, der auf der irdischen Ebene für Liebe gehalten wird. Ich spreche von der gewaltigen Kraft, die das Schöpferische Prinzip ins Innere eines jeden Wesens eingepflanzt hat und die dort als Funke des Göttlichen Feuers verborgen liegt. Diese Energie hat den Kosmos erschaffen und hält im wahrsten Sinne des Wortes die Atome der Realität zusammen. Sie ist es, die das große Nichts aufrechterhält.

* * * * * * * * * * *

Die vorausgegangene Geschichte von Stoker hat eine Anzahl interessanter Fragen aufgeworfen, die sich leichter in einem erläuternden Text behandeln lassen als in einer Geschichte. Doch werden wir später in diesem Buch wieder zu Stoker und seinen Abenteuern im Jenseits zurückkehren.

Auf etwas Wichtiges möchten wir zunächst hinweisen: Wenn die Geschichte auch die Umgebung der untersten Astralebene getreu wiedergibt, so handelt es sich dabei jedoch nicht immer um eine genaue Darstellung der Dinge und Erfahrungen, mit denen man dort konfrontiert wird. Zunächst einmal ist die Geschichte zeitlich gerafft. Es dauert zum Beispiel in der Regel erheblich länger, bis sich durch den Dienst an anderen die Haut wieder normalisiert. Außerdem helfen die geistigen Führer und Schutzengel gebundenen Seelen, für die sie verantwortlich sind, neben dem Bus noch auf vielfältige andere Weise.

Wir haben die geistigen Führer und Schutzengel für einzelne Seelen »verantwortlich« genannt und meinen dies wörtlich. Wenn eine menschliche Seele vom rechten Wege abkommt, an Boden verliert oder sich der Finsternis zuwendet, müssen ihre geistigen Führer und Schutzengel dafür Rechenschaft ablegen. Natürlich werden sie nicht für das Versagen ihrer Schützlinge getadelt oder gar bestraft. Ob sie jedoch auch in Zukunft als geistige Führer tätig sein sollen, wird unter anderem vom Erfolg der ihnen anvertrauten Seelen abhängen. Und da diese Wesenheiten nichts mehr wünschen, als der Menschheit auf diese Weise zu dienen (sowohl wegen ihrer Liebe für euch als auch zu ihrem eigenen Fortschritt), ist das Ergebnis einer jeden einzelnen menschlichen Inkarnation für sie von großer Bedeutung.

Sollte sich beispielsweise der Leser von einer der heute so zahlreichen Versuchungen einwickeln lassen, könnte er dadurch den Fortschritt seiner geistigen Führer und Schutzengel verzögern. Dies ist ein gutes Beispiel dafür, wie der Fortschritt des einen zugleich auch den anderer bedeutet. Wenn Thorion sich auch aufrichtig um all jene bemühte, mit denen er in Kontakt war, so bereitete er doch zugleich seinen Aufstieg in himmlische Reiche vor, die zu beschreiben der menschlichen Sprache die Kraft fehlt. Wenngleich sein eigener Fortschritt natürlich nicht das Motiv war, so wußte er doch, daß seine Bemühungen, Seelen aus der unteren Astralwelt zu befreien, schließlich in seine eigene kosmische »Beförderung« münden würden.

Wir möchten nun auf einige Punkte zum Thema »Licht« zu sprechen kommen. In der Stoker-Geschichte konnten wir verfolgen, wie die Intensität des Lichtes die verschiedenen Astralebenen voneinander trennt. Dies entspricht genau der Funktionsweise des Lichtes auf der physischen Ebene.

Licht ist Schwingung. Auf der Erde ist es buchstäblich eine wellenförmige Schwingung im alles durchdringenden Äther. Nicht alle ätherischen Schwingungen sind mit den physischen Augen sichtbar. Die Netzhaut des menschlichen Auges ist nur für Frequenzen einer relativ begrenzten Bandbreite von dunkelrot bis violett empfänglich. Rot hat die niedrigste Schwingungsrate, violett die höchste. Nach dem Violett kommen die ultravioletten Schwingungen. Sie haben eine höhere Frequenz, als das menschliche Auge gegenwärtig wahrnehmen kann.

Im Astralreich kann eine Seele mit niedriger Schwingungsrate (wie Stoker) die viel höheren Frequenzen und das stärkere Licht der oberen fünf Astralebenen nicht ertragen. Auf der Erde gibt es ein ganz ähnliches Phänomen. Menschen, die in geringer Höhe (in einem Tal oder auf Meereshöhe) geboren und aufgewachsen sind, können nicht so ohne weiteres ins Hochgebirge ziehen: Die dünnere Luft, das stärkere Sonnenlicht und der höhere Anteil an UV-Strahlen würden ihnen zu schaffen machen. Wir wollen damit nicht sagen, daß jeder einzelne Mensch, der auf Meereshöhe geboren wurde, eine niedrige Schwingungsrate hat. Doch läßt sich ein allgemeiner Unterschied zwischen den meisten Menschen feststellen, die unterhalb einer Höhe von etwa 1500 m ü.M. leben, und der darüber lebenden Minderheit. Mehr als 90% der gesamten Menschheit leben unterhalb dieser Grenze, und ihre durchschnittliche Schwingungsrate ist tatsächlich niedriger. (Auf eine Ausnahme zu dieser Regel werden wir noch eingehen.) Man denke nur an die buddhistischen und anderen Religionsgemeinschaften, die ihre Klöster in die höchsten Gipfel des Himalaya gebaut haben - oder an die legendären Hunza, die keine Krankheiten kennen, keine Tiere essen und in aller Regel bei voller Gesundheit über hundert Jahre alt werden.

Das entgegengesetzte Extrem hierzu ist das Ufer des Toten Meeres, das mit einer Höhe von *fast 400 m unter dem Meeresspiegel* das tiefstliegende trockene Land der Erde ist. Entsprechend könnte man dort Menschen mit einer besonders niedrigen Schwingungsrate vermuten. Nun ist diese Gegend dünn besiedelt und die Bevölkerung zum Teil nichtseßhaft, daher läßt sich hier kaum eine allgemeine Aussage treffen. Bemerkenswert ist jedoch, daß die beiden alten Städte des Unrechts, Sodom und Gomorrha, unter den südlichen Wassern des Toten Meeres begraben liegen (dies vermuten auch Bibelwissenschaftler bereits seit einiger Zeit). Wie treffend ist der Name für dieses Gewässer, in dem es nicht das geringste Leben gibt!

Wir möchten nun auf die oben erwähnte Ausnahme, Mexiko-Stadt, zu sprechen kommen. Diese riesige, wuchernde Metropole liegt auf einer Höhe von 2240 m ü.M. in einem Becken des zentralen Hochlandes von Mexiko. Man könnte erwarten, daß die Bevölkerung auf dieser Höhe eine vergleichsweise hohe Schwingungsrate hat, doch ist dies nicht der Fall. Im Durchschnitt sind die Bewohner dieser Großstadt den Menschen vergleichbar, die in Bevölkerungszentren auf Meereshöhe leben. Und interessanterweise ist es gerade der Umstand, über den sich die Menschen dort so lautstark beklagen, der ihnen das Leben auf einer solchen Höhe überhaupt ermöglicht: die durch Auto- und Industrieabgase verursachte, ständig über der Stadt hängende Dunstglocke aus giftigem Smog. Ohne diese schützende Schicht wäre die Schwingungsrate des unverhüllten Sonnenlichts zu hoch für die durchschnittliche Bevölkerung, und verschiedene Krankheiten würden um sich greifen. Die erwähnten Hunza hingegen leben trotz der unbarmherzigen Sonne problemlos in sogar noch größeren Höhen.

Wir sollten an dieser Stelle noch kurz einige allgemeine Worte zur einfachsten Methode anfügen, wie man seine eigene Position auf der Schwingungsskala bestimmen kann. Es gibt eine kleine Übung, die das Sonnenlicht und den lichtempfindlichsten Teil des menschlichen Körpers, die Netzhaut, mit einbezieht. Auf diesem Wege läßt sich die eigene Schwingungshöhe leicht feststellen. Viele der gegenwärtig inkarnierten Menschen haben jedoch insbesondere wegen schlechter Ernährung und Mißbrauch verschiedener Substanzen eine relativ niedrige Schwingungsrate. Sie liefen Gefahr, ihre Augen dauerhaft zu schädigen, sollten sie versuchen, sich mit dieser Methode zu testen. Daher werden wir hier keine weiteren Einzelheiten geben. Mit der Zeit wird ein allgemeines Wissen um die Testmethode verbreitet werden, und entsprechende Untersuchungen können unter Anleitung ausgebildeter Mitarbeiter durchgeführt werden.

Wir wollen uns nun einem weiteren Thema zuwenden, das mit Schwingungen zu tun hat. Viele feinfühligere Menschen beklagen, daß die heute von jungen Leuten bevorzugte Musik derart laut und mißtönend geworden ist, daß man sie kaum noch als Musik bezeichnen kann. Wir möchten erklären, wie es zu diesem mißlichen Umstand kommen konnte, doch werden wir zunächst einen kleinen Hintergrund zur Musik selbst geben. Als die Menschen zum ersten Mal auf diesem Planeten antraten, war ihr physisches Gehör noch nicht fein genug entwickelt, um die Harmonien und Melodien in Form des gewöhnlichen, durch die Luft übertragenen Klanges »hören« zu können. Da jedoch alle Seelen vollständig hellsichtig und hellhörig waren, konnten sie sich auf die allgegenwärtigen himmlischen Harmonien »abstimmen« und waren daher nicht darauf angewiesen, einen Abglanz dieser ekstatischen Klänge über akustische Wellen wahrzunehmen.

Nun verloren die Menschen im Laufe der Zeit die Fähigkeit, diese höhere Musik hören, denn sie verstrickten sich immer tiefer im Materiellen. Die Wächter der Menschheit sahen die Melancholie, die die Menschen wegen ihrer Taubheit für die himmlischen Harmonien befiel, und sie hatten Mitleid. Vor Abertausenden von Jahren veränderten sie den Aufbau des menschlichen Ohres und machten es für akustische, mit physischen Instrumenten hervorgebrachte Musik empfänglich. Außerdem veranlaßten sie, daß bestimmte hochentwickelte Wesenheiten die Menschheit besuchten und sie das Musikmachen lehrten.

Die Musik, wie ihr sie gegenwärtig auf der Erde kennt, setzt sich aus drei Hauptkomponenten zusammen. Die erste, die die besagten Wesenheiten auf der Erde einführten, war die Melodie, d.h. das Erzeugen verschiedener Töne *nacheinander* in einer bestimmten Abfolge. Im dreieinigen Schema, das für die Menschheit allgemein das Physische, das Emotionale und das Mentale berücksichtigt, entspricht die Melodie dem Mentalen.

Als nächste musikalische Dimension wurde die Harmonie eingeführt - jener reizvolle Effekt, bei dem mehrere Töne gleichzeitig zum Klingen gebracht werden. Die klassische Harmonie ist der Dreiklang, und der Prototyp eines Dreiklangs auf dem Klavier ist das gleichzeitige Anschlagen der Töne C, E und G. In dem dreieinigen Schema entspricht die Harmonie dem Emotionalen.

Schließlich führten die Musiklehrer der Menschheit noch Takt und Rhythmus ein, und diese entsprechen natürlich dem Physischen. Unter den Hauptkomponenten der Musik gibt es somit eine Hierarchie: Der Rhythmus nimmt die unterste oder »grund-legende« Stellung ein, die Melodie hingegen die erhabenste.

Bevor wir nun die geschichtliche Entwicklung der Musik weiterverfolgen können, müssen wir noch kurz die Quelle vorstellen, die für den Verfall und die heutigen Mißklänge in der Unterhaltungsmusik verantwortlich ist. In anderen der durch diesen medialen Kanal übermittelten Schriften haben wir ja bereits über die »Schwarzen« gesprochen. Sie bilden eine Gruppe von Wesenheiten, die jede Möglichkeit der Auferstehung zu einem früheren Zustand der Vollkommenheit vergeben haben. Nun versuchen sie alles, was in ihrer Macht steht, um menschliche Seelen in ähnliche Schwingungsbereiche herabzuziehen wie die ihren. Natürlich können sie in ihrem ruchlosen Bemühen nur soweit Erfolg haben, wie die Menschen selbst dies zulassen. Sie können keinem etwas anhaben, der sich nicht von ihren Versuchungen einwickeln läßt.

Einer der Schauplätze, auf denen die Schwarze Bruderschaft aktiv ist, ist die Musik. Aus Gründen, die den Rahmen dieses Buches übersteigen würden, wurde den Schwarzen freie Hand gegeben, sich an der Manipulation der menschlichen Musik zu versuchen. Sie wollten dadurch Menschen zu Wegen des Denkens und Handelns verleiten, die sie auf den abwärtigen Pfad ziehen würden. Nun ist es den Schwarzen wohl gelungen, einige Sparten der Unterhaltungsmusik zu verderben. Die Zahl derer jedoch, die sie durch das Medium der Musik in die Finsternis ziehen konnten, ist verschwindend gering.

Wir wollen das Vorgehen der Schwarzen Bruderschaft in bezug auf die Unterhaltungsmusik etwas näher analysieren. In einem ersten Schritt verlagerte sie den Schwerpunkt der Musik auf den Rhythmus. Selbst wer sich nie zur frühen Rockmusik hingezogen fühlte, wird sich an den kraftvollen Rhythmus zum Beispiel in *Rock Around the Clock* von Bill Haley and the Comets erinnern. Gleichzeitig ließen sie die melodische und harmonische Komponente immer weiter verarmen. In *Rock Around the Clock*, um den Titel ein weiteres Mal als Beispiel heranzuziehen, hält die Melodie wenig Überraschungen bereit und arbeitet mit einem sehr begrenzten Stimmumfang. Die harmonische Struktur des Stückes ist ähnlich monoton wie seine Melodie: Sie beschränkt sich auf den abgedroschenen »Zwölf-Takt-Blues«, der nur drei Akkorde (I, IV und V) in einer ewig gleichen Sequenz wiederholt. Nachdem man die dem Stück unterliegende 12-Takt-Folge vier- oder fünfmal gehört hat, erlahmt das Bewußtsein für Melodie und Harmonie, und der Rhythmus allein beherrscht die Aufmerksamkeit.

Mit der Zeit erkannte die Schwarze Bruderschaft, daß die Gruppen und Musiker, die sich von ihr beeinflussen ließen, in fest umrissene Kategorien fielen. Doch hatte auch die Weiße Bruderschaft ihre Kontakte in der Rockmusik und gab den Anstoß dazu, positive und religiöse Themen in diese Musik einzubringen. Daraus entstanden der Gospelsong und verwandte Stilrichtungen.

In einem weiteren Schritt nahm die Schwarze Bruderschaft dann die Eliminierung der melodischen Komponente in Angriff. Dies gelang ihr bei einigen Gruppen, und die Melodie wurde durch eine rauhe Stimme ersetzt, die wirre und aggressive Verse rief oder auf einer einzigen Note unverständliches Zeug daherleierte. Schließlich wurden auch noch die harmonischen Kadenzen im Hintergrund beseitigt, und die »Musik« mußte ein ganzes Stück hindurch mit einem einzigen Akkord auskommen. Die Bemühungen, die Unterhaltungsmusik in dieser Weise systematisch zu erniedrigen, haben die absolute Anti-Musik hervorgebracht, nämlich Rap. Natürlich gibt es viele Gruppen, die den Jugendlichen durch diese Form der Kommunikation helfen wollen, indem sie sie beispielsweise dazu bewegen, die Gesetze zu achten oder sich um eine höhere Schulbildung zu bemühen. Wir wollen hier nicht sagen, daß Rap an sich »schlecht« ist - nur ist er eben keine Musik. Es handelt sich im wesentlichen um Verse, die mit Schlagzeuguntermalung vorgetragen werden.

Die Weiße Bruderschaft wußte während dieses gesamten Programms zur Entstellung der Unterhaltungsmusik, daß die Zeit auf ihrer Seite stand und der aufstrebende Geist der Menschheit sich auf die Dauer nicht mit den gerade entwickelten degradierten Formen zufriedengeben würde. Einigen Lesern wird ein neuerer Schlager bekannt sein, der dies belegt. Er beginnt tatsächlich mit einem wunderschönen Gregorianischen Gesang, der von einem Männerkirchenchor vorgetragen wird. Die Klänge sind sehr einnehmend und stellen für die Unterhaltungsmusik einen gewaltigen Sprung nach oben dar. Wir erwarten viele ähnliche Vorstöße in die unsterbliche Musik der Vergangenheit. Im neuen Zeitalter der Eintracht dürften zahlreiche klassische Werke, die den menschlichen Geist bereits seit Jahrhunderten bezaubern und segnen, erneut in ihrer Schönheit erstrahlen.

* * * * * * *

Wir möchten nun auf das beunruhigende Phänomen der Säuglingssterblichkeit zu sprechen kommen. Eltern sind in aller Regel bestürzt, wenn ihr Kind stirbt oder es zu einer Totgeburt kommt. Viele Menschen fragen sich, welchen Sinn es haben soll, einen Fötus durch die Mühen und Komplikationen einer Schwangerschaft hindurchzubringen, nur um das Kind dann bei oder kurz nach der Geburt zu verlieren.

Wir möchten zunächst betonen, daß jedes zentrale Ereignis im Leben eines Menschen von den geistigen Führern und Schutzengeln sorgfältig geplant wird. Der Verlust eines Säuglings hat auch viele positive Seiten, die selten in Betracht gezogen werden. Für die Seele des Kindes besteht in ausnahmslos jedem dieser Fälle die Notwendigkeit zu einem solchen kurzen Aufenthalt - wenn auch die Gründe dafür verschieden sein können. So muß einem kosmischen Gesetz zufolge jeder, der sich das Leben nimmt, den verbleibenden Abschnitt der betreffenden Inkarnation in einer späteren zu Ende leben. Danach muß er auf die höheren Ebenen zurückkehren.

Gesetzt den Fall also, ein Mensch ist dazu bestimmt, 64 Jahre alt zu werden, nimmt sich jedoch mit 62 Jahren im Rahmen einer Krankheit das Leben: Dann muß er eine weitere kurze Inkarnation leben, in der er im Alter von zwei Jahren stirbt und somit die ursprünglich vorgesehene Lebensspanne vollendet.

Es kann auch eine karmische Notwendigkeit dazu bestehen, seinen jungen Körper in einem bestimmten Alter zu verlieren. So kann ein Mensch direkt oder indirekt für den Tod eines Kleinkindes verantwortlich gewesen sein (zum Beispiel durch Vernachlässigung). In solchen Fällen mögen die Schutzengel der verantwortlichen Seele mit dem Ausgleich ihres Karmas helfen, indem sie das Ende ihrer Inkarnation für ein ähnliches Alter arrangieren.

Es gibt jedoch noch viele andere Wege, die Schuld am Tod eines anderen zu sühnen. Einer von ihnen ist die Geburt eines Kindes mit all ihren Mühen und Komplikationen, wodurch man derselben oder einer anderen Seele in einer späteren Inkarnation Leben »gibt«. Wenn eine Seele ihr junges Leben durch Vernachlässigung verloren hat, besteht eine weitere Möglichkeit des Ausgleichs darin, ihr über längere Zeit hinweg zu dienen. Hier findet man das Lebensmuster eines Menschen, der viele Jahre lang einen kranken Freund oder Verwandten pflegt.

Doch sind wir vom Thema abgewichen und möchten zu der Frage zurückkommen, welchen Nutzen der Tod eines Säuglings haben kann. In jedem einzelnen dieser Fälle brauchen die betroffenen Eltern die leidvolle Erfahrung, ein Kind zu verlieren. Auch auf diesem Wege kann die Schuld am Tod eines Kindes karmisch ausgeglichen werden. In vielen Fällen der heutigen Zeit wurde die ursprüngliche Schuld durch Abtreibung eingegangen. Von höherer Warte aus betrachtet, ist Abtreibung dem Mord verwandt - wenn es auch mildernde Umstände geben kann. Wird die Schwangerschaft innerhalb der ersten drei Monate abgebrochen, so ist der physische Schmerz für die Seele, die den abgetriebenen Fötus bewohnen sollte, relativ gering. Er nimmt in späteren Stadien der Schwangerschaft immer weiter zu. Das emotionale Trauma hingegen ist vom Zeitpunkt des Schwangerschaftsabbruchs unabhängig. Es ist vielmehr eine Frage der emotionalen Nähe zwischen den Eltern und der Seele, die sich durch den abgetriebenen Fötus inkarniert hätte.

Wir haben hier einige grundsätzliche Punkte angesprochen. Weitere Aspekte werden sich dem Leser in der Meditation erschließen.

Von der Säuglingssterblichkeit möchten wir den Blickwinkel auf die gesamte Menschheit ausweiten. Die Welt scheint gegenwärtig von Leid und Tod zerrissen, und die Frage liegt nahe, wie denn ein gerechter und liebender Gott solches Elend zulassen kann. Und wie könnte es auch nur den entferntesten Nutzen haben?

Wir möchten auf diese Fragen hier etwas gründlicher eingehen. Viele Menschen sind ratlos angesichts der Vergeudung menschlichen Potentials, wie sie sich in den durch Krieg und Unruhen zerrütteten Ländern beobachten läßt. Doch sollte man niemals nicht aus den Augen verlieren, daß der Göttliche Vater jede einzelne Seele auf diesem Planeten mit einer solchen Reinheit liebt, daß diese Liebe ohne die leiseste Andeutung von Kritik, Tadel oder Verurteilung ist. Nicht Gott ist es, der eine irrende Menschheit dazu verurteilt hat, die Verwüstungen des Krieges zu erleiden. Die Ursache ist in den Herzen und Köpfen der Menschen zu suchen - und einem kosmischen Gesetz zufolge muß die Menschheit selbst als Verursacher auch Abhilfe schaffen. Die Menschen müssen einen Weg finden, diese Todesplage aus ihrer Mitte zu beseitigen.

Man mache sich zunächst bewußt, daß Krieg und Totschlag ganz einfach die letzte Konsequenz von Abgrenzung und Zerstörung auf der irdischen Ebene sind. Und Abgrenzung und Zerstörung sind Ausdruck eines der beiden großen Kosmischen Prinzipien, welche in ewigem Gegensatz die Schöpfung durchziehen. Wir möchten etwas näher auf die beiden Prinzipien eingehen.

Das erste Kosmische Prinzip läßt sich mit Begriffen wie »Einheit, innerer Zusammenhalt, Ganzheit, Zusammenkommen, Harmonie« belegen. Das zweite hingegen ist in der Idee der »Uneinigkeit, Trennung, Auflösung, Zersplitterung, Disharmonie« verkörpert.

Gott stellt in Seinem wesentlichen Aspekt eine Einheit dar: Er ist Der Eine. Aus Gründen, die auf keiner Ebene bekannt sind, beschloß diese Vollkommene Einheit, zu »mehr als Dem Einen« zu werden. Vermutet wird, daß das Göttliche »Nicht-Selbst« erfahren wollte. Möglicherweise wollte es etwas erfahren, was von seiner normalen Seinsweise verschieden ist, um Seine wahre Essenz noch besser erkennen zu können. Nun konnte »Nicht-Selbst« aber nur hervorgebracht werden, indem die Einheit zur Vielfalt wurde: Denn so würde die Einzigkeit des ursprünglichen Zustandes aufgehoben werden.

Da nahm die Vielfalt der geschaffenen Welten ihren Anfang, als Der, der im Anfang Einer war, sich in immer und immer kleinere Stücke teilte. Der Vorgang, den wir hier beschreiben, ist derjenige der Differenzierung - der Teilung in viele verschiedene Untereinheiten. Doch die Uneinigkeit, die allem Kriege zugrunde liegt, schlich sich erst in einem späteren Stadium ein, als die Aufspaltung in Myriaden unterschiedlicher Untereinheiten bereits abgeschlossen war.

Interessanterweise hat der Vorgang, in dem sich Der Eine in unzählige verschiedene Untereinheiten aufteilte, eine vollkommene Entsprechung im menschlichen Zahlensystem. Von den Grundbausteinen der Numerologie, den Ziffern von 1 bis 9, steht die 1 für den Ungeteilten oder Unmanifestierten Gott, während die 9 das Göttliche in Manifestation, d.h. in der Vielfalt, symbolisiert. Mathematisch Interessierte werden bereits mit der Idee vertraut sein, daß der erste Teilungsschritt, bei dem aus Dem Einen zwei wurden, in sich bereits alle weiteren Teilungsschritte und Zahlen enthält. Der große Schritt bestand darin, Das Eine in zwei zu verwandeln - danach wurde der erste Teilungsschritt einfach wiederholt.

Doch sind wir etwas vom Thema abgewichen. Nun war die Differenzierung einmal weitgehend abgeschlossen, und Gott hatte aus Seiner Essenz die vielen verschiedenen Raum-Zeit-Welten und Universen geschaffen. Da gab es Myriaden individualisierter Gottesfunken - und jeder von ihnen hatte ein eigenes Bewußtsein. Jeder von ihnen verspürte einen gewissen Drang, die neu geschaffene Realität zu erfahren. In diesem Drang deutete sich bereits eine entgegengesetzte Tendenz an, nämlich der Prozeß, in dem sich die vielfältigen Fragmente wieder zu einem Ganzen vereinigen. Durch die Erfahrung der Vielfalt lernte ein jedes Fragment andere kennen, und dies schlug bereits Brücken zwischen den einzelnen Fragmenten. Die Fragmente konnten sich miteinander verbinden, während sie gleichzeitig ihre Individualität wahrten. Einige unter ihnen zogen es jedoch vor, getrennt zu bleiben. Sie wollten das Ego oder »Selbst« in sich erhöhen, bis es dem im Anfang erlebten Gefühl der Allmacht ähnlich sei. Die Fragmente hatten sich ja von dem Unmanifestierten Einen abgespalten, und daher trugen sie alle einen schwachen Widerhall der Erfahrung jenes Urwesens in sich. Interessanterweise neigten nun gerade diejenigen Fragmente zur Trennung, die besonders viel von dem ursprünglichen Geiststoff erhalten hatten. Sie waren häufig kraftvoller als die übrigen Untereinheiten.

Nun muß man wissen, daß sich das Schöpferische Urwesen bei der Erschaffung der manifestierten Raum-Zeit-Welten und Universen nicht restlos aufgeteilt hatte. Es hatte einen Teil Seiner Selbst unmanifestiert zurückbehalten, um die Entwicklungstendenzen in den geschaffenen Welten lenken zu können. Außerdem wollte Gott zu einer umfassenderen Kenntnis Seiner Selbst gelangen, indem Er die Wesenheiten beobachtete, die aus Ihm hervorgegangen waren. So war das Auftreten jener kraftvollen Wesenheiten, die die Getrenntheit wollten, für den Schöpfer von großem Interesse: Es zeigte Ihm eine Eigenschaft Seiner Selbst, die Er bis dahin nicht gekannt hatte. Der Schöpfer sah die Willensstärke in diesen Wesenheiten und konnte daraus schließen, daß Er Selbst ebenfalls einen solchen Willen besaß.

Man halte sich deutlich vor Augen, was hier geschieht: Gott sieht Seine Reflexion in der Wirklichkeit, die Er um Sich manifestiert hat. Auch der inkarnierte Mensch ist von einer Wirklichkeit umgeben, die seine innere Essenz widerspiegelt. Doch haben wir uns mit dem Prinzip des »Wirklichkeitsspiegels« bereits in früheren Schriften dieses medialen Kanals befaßt und gehen daher hier nicht weiter ins Detail (siehe unter anderem die Bücher *Threshold* und *Symbols* - M.B.C.[1]).

Nun machten es sich einige dieser mächtigen Wesenheiten zum Ziel, den Zustand der Fragmentierung *zu verteidigen,* da sie in jedem Zusammenfügen und Wiedervereinigen eine Bedrohung ihrer Individualität sahen. Eine ihrer Methoden bestand darin, Gefühle der Feindseligkeit, des Mißtrauens und der Rivalität unter den Fragmenten zu schüren, die sie beeinflussen konnten.

Man muß sich darüber im klaren sein, daß wir hier ein allgemeines Prinzip beschreiben. Diese kosmischen Intrigen ereigneten sich lange vor dem relativ verfeinerten Entwicklungsstadium, in dem die verschiedenen Universen aus menschlicher Perspektive erfahren wurden. Doch bedienten sich die mächtigen, für die Getrenntheit kämpfenden Wesenheiten bereits derselben Methoden, wie sie noch heute von inkarnierten und nichtinkarnierten Wesenheiten zur Verteidigung individueller Macht eingesetzt werden. So entstand, was man »Mächte der Finsternis« nennen könnte. Dieser Begriff klingt natürlich etwas melodramatisch, aber er wird in den irdischen Schriften so häufig verwendet, daß wir ihn hier der Einfachheit halber übernehmen. Den Mächten der Finsternis stand die »Bruderschaft des Lichtes« gegenüber (wir möchten uns auch hier für dieses »Melodrama« entschuldigen), in der sich all diejenigen zusammenschlossen, die den Sinn ihrer Existenz im Streben nach der Einheit mit dem Schöpfer und mit allen anderen Geschöpfen sahen. Die be-

[1] Marcus Books, Toronto/Canada. (d.Ü.)

sagten Wesenheiten hatten weniger vom Ego-Prinzip und mehr vom Prinzip der Einheit erhalten als ihre Gegenspieler. Seit jener fernen Vergangenheit hat es diese zwei widerstreitenden Parteien gegeben. Edgar Cayce bezog sich auf die beiden, wie sie sich in einer frühen Ära auf diesem Planeten manifestierten, als die Söhne Belials (so der Name einer der Wesenheiten, die die Getrenntheit verteidigten) und die Söhne des Gesetzes des Einen.

Es läßt sich nun leicht feststellen, wie die vielen als schlecht, schändlich oder schmerzhaft empfundenen Phänomene der irdischen Ebene unmittelbar mit dem Prinzip der Trennung, Zerteilung und Abspaltung zusammenhängen.

Wenn zum Beispiel einem Menschen ein Teil seines Körpers amputiert oder abgenommen wird (ein Zahn; ein Finger, der in eine Maschine kommt; ein Fuß mit Gewebetod), so wird dieser Vorgang als schmerzhaft, problematisch oder negativ betrachtet. Des weiteren gilt es als »schändlich« oder gar »ein Verbrechen«, wenn ein Mensch einem anderen etwas wegnimmt, was bis dahin ein »Teil« dieses anderen war. So ist es in der heutigen Gesellschaft strafbar, Geld oder Gut eines anderen Menschen zu entwenden. Auch Ehebruch wird als ein Unrecht betrachtet, weil er zum Aufbrechen oder zur Auflösung dessen führt, was ein vereintes Ganzes war (die Ehe).

Das Verursachen physischer Schmerzen durch Rücksichtslosigkeit, Folter oder Handgreiflichkeiten ist ebenfalls dem trennenden Prinzip zuzurechnen, da es an sich nur der Vorläufer zum Mord ist. Letzterer stellt eine bedeutende Form der Trennung dar: Er zertrennt die Bande, die die Seele mit dem physischen Körper verbinden. In ähnlicher Weise haben alle Formen des Krieges, des Aufstands und der militärischen Eroberung am Prinzip der Trennung und Uneinigkeit teil.

Es ist nebenbei interessant, daß die Mächte der Finsternis (also alle Wesenheiten, die vornehmlich das Prinzip der Trennung verkörpern) sich häufig gegenseitig vernichten, wenn man sie nur sich selbst überläßt. Ein gutes Beispiel hierfür sind die Auseinandersetzungen zwischen den verschiedenen Gruppierungen der kriminellen Szene. So schlugen sich die Gangster der dreißiger Jahre in gegnerische Lager und schlachteten sich dann oft mit beachtlichem Vergnügen gegenseitig ab. Etwas Ähnliches läßt sich heute zwischen den verschiedenen Rauschgiftbanden beobachten. Wir haben es hier mit einer zweifachen Manifestation des trennenden Prinzips zu tun: erstens mit der instinktiven Neigung, sich in rivalisierende Gruppen aufzuteilen, und zweitens mit dem Bestreben jeder Gruppe, alle anderen auszulöschen.

Ein weiterer interessanter Punkt betrifft die Polizei - also die Kräfte, die für Ruhe und Ordnung sorgen und die Allgemeinheit vor Kriminellen, Banden und Gangstern schützen sollen. Wir möchten zunächst darauf hinweisen, daß die meisten Polizisten in wenigstens einem früheren Leben selbst Kriminelle waren und nun bemüht sind, sich von den verhängnisvollen Nachwirkungen ihrer Fehltritte zu befreien. Dies erklärt nicht nur, warum die meisten Polizeieinheiten recht effektiv arbeiten (sie können sich ja relativ gut in die Denkweise der Kriminellen einfühlen). Es erhellt außerdem, warum einzelne Polizeibeamte korrupt werden und Straftaten verschiedener Art begehen.

Nun ist die Polizei diejenige gesetzestreue Fraktion der Gesellschaft, die tatsächlich mit den kriminellen Elementen kämpft. Sie wirkt als Blitzableiter für die destruktiven Energien der Gesetzesbrecher. Und da sich die Polizei derselben Methoden bedient wie die Kriminellen (Gewalt, Zwang, grobe Behandlung, Kugeln), fällt sie ebenfalls unter das Prinzip der Trennung und Uneinigkeit. Natürlich wollen wir damit nicht sagen, daß einzelne Polizisten bewußt mit den Mächten der Finsternis im Bunde stehen. Unabhängig vom Motiv jedoch verbindet jedes Begrenzen, Trennen oder Zerstören den Handelnden mit dem Prinzip der Finsternis.

Die Polizei fällt nicht als einzige in diese Kategorie. Boxer, Fleischer, Jäger, Fischer, Holzfäller, Schädlingsbekämpfer... sie alle sind bis zu einem gewissen Grade mit der Quelle aller Trennung und Uneinigkeit verbunden. Die Liste könnte bis hin zu lächerlichen Extremen fortgesetzt werden, denn selbst ein Landwirt oder jemand, der seinen Rasen mäht, zertrennt, was zuvor eine Einheit oder ein Ganzes war. Doch lassen sich diese Randbeispiele nicht im gleichen Lichte betrachten wie die ersteren Fälle. Es ist sogar auf eurer Ebene ein Prozeß im Gange, der die Prinzipien der Trennung und der Vereinigung *gemeinsam dazu einsetzt,* um die geistige Entwicklung aller Wesenheiten auf diesem Planeten zu fördern. Es ist wie ein kosmischer Tanz, der immer auf der richtigen Note endet - ein ewiges Spiel von Licht und Finsternis, welches zunehmend die Welt vergeistigt.

So haben wir in unseren früheren Schriften beispielsweise aufgezeigt, daß man ohne »kalt« nicht von »warm« und ohne Schatten nicht von Licht wüßte, und daß zum Verstehen der wahren Liebe eine gewisse Erfahrung ihres Gegenteils erforderlich ist.

Wir möchten auf den letzten dieser drei Gegensätze etwas genauer eingehen. Wie deutlich geworden sein wird, ruht die Liebe im innersten Kern des kosmischen Prinzips der Einheit: Sie bringt Wesenheiten zusammen, die zuvor getrennt und ohne Kenntnis voneinander waren. Sie ist die treibende Kraft hinter aller Freundlichkeit, Ermutigung und Wiederherstellung; hinter der Erziehung und dem Heilen. Die Liebe allein steht den Mächten der Finsternis und dem zerstörerischen Prinzip entgegen. Doch greifen Liebe und Abstoßung zugleich als fundamentale Kräfte in einem Zwei-Phasen-Zyklus ineinander: Im Anfang teilte sich die Eine Schöpferische Kraft in Myriaden von Gottesfunken, und jeder dieser Funken trägt eine Spur der Erinnerung an die ursprüngliche Einheit in sich. Die Fragmentierung stellte die erste Hälfte des Zyklus dar - und die Energien, die sie speisten, wurden später dazu benutzt, das trennende Prinzip aufrechtzuerhalten. Heute ist die Trennungsphase des kosmischen Zyklus weitgehend abgeschlossen, und wir befinden uns in der zweiten Hälfte des Zyklus, in der die Fragmente zusammenkommen und sich wieder miteinander verbinden. Somit läßt sich »Gott« im gegenwärtigen Stadium der kosmischen Evolution als Zusammenkommen und Wiedervereinigen beschreiben. Und da es *Liebe* ist, die diesen Vorgang unterhält, ist *Gott* - definiert als dieser Prozeß - tatsächlich Liebe. Eure Heilige Schrift hat die beiden natürlich immer schon gleichgesetzt, doch mögen die vorausgegangenen Überlegungen die Gleichsetzung begründen.

Wir erklärten zu Beginn unseres kleinen Exkurses, daß sich die beiden großen gegensätzlichen Prinzipien der Trennung und der Einheit in einem kosmischen Tanz befinden, und daß dieser Tanz immer auf der richtigen Note endet. Wir wollten damit einen Rahmen geben, der die heutige Überfülle finsterer Manifestationen und Energien ins Verhältnis setzt. Eines unserer Beispiele war das Rasenmähen, und es wird schnell einleuchten, daß sich aus einem solchen Handeln - auch wenn die einzelnen Grashalme tatsächlich von der Klinge des Rasenmähers durchtrennt werden - zugleich ein mehrfacher Nutzen ergibt: Das Abtrennen der Spitzen stimuliert die Graspflanze, im unteren Teil noch kräftiger zu wachsen. Somit lernt das einfache Bewußtsein in der Graspflanze, gegen widrige Umstände zu kämpfen und nach Wachstum zu streben. Die meisten Menschen täten gut daran, diese Lektion zu lernen.

Für den, der den Rasen mäht, erzeugt das Zurückschneiden aller Grashalme die Illusion einer Einheit: Statt der Artenvielfalt einer Wiese entsteht ein ebener Grasteppich in einer einheitlichen Farbe. Wir wollen damit nicht sagen, daß ein gepflegter Rasen eine bessere Nutzung des Landes darstellt als der Naturzustand üppiger Unordnung. Wer jedoch seinen Rasen mäht, erlebt unterschwellig, wie er eine Vielfalt in eine Einheit verwandelt.

Die Menschheit ist für Krieg und Blutvergießen verantwortlich, und nur sie selbst kann dieser Misere auch eine Ende setzen. Indem wir die Kriegslust der Menschen als extreme Manifestation des finsteren Prinzips (oder des Prinzips der Trennung und Uneinigkeit) ins Bild setzten, haben wir einen Kontext angeboten, der solches Handeln besser verständlich macht. Wie das Rasenmähen, so ist auch der Krieg nicht ohne Nutzen: Er lehrt die Menschen immer eindringlicher die Sinnlosigkeit aller Zwietracht und Boshaftigkeit. Früher oder später wird die Lektion gelernt werden. Die Deutschen haben ein Sprichwort: *Nach dem Krieg kommt das Elend* (im Original Deutsch - d.Ü.). Welches Land könnte diese Wahrheit besser kennen? Sie wird eines Tages unauslöschlich in jede einzelne Seele eingraviert sein. Wenn nötig, wird man euch Menschen sogar zur Atombombe greifen lassen. Sie wird den fanatischsten Terroristen, den härtesten und kompromißlosesten aller Generäle und die erbittertste Partisanentruppe davon überzeugen, daß es keinen Krieg mehr geben darf. So wird das organisierte Blutvergießen als ein Alptraum aus dem dunkelsten und schändlichsten Abschnitt der menschlichen Pilgerfahrt der Vergangenheit angehören.

Doch müssen wir noch auf die Klage eingehen, daß ein gerechter Gott das unmäßige Leiden in der Welt nicht zulassen würde. Machen wir uns klar: Die Menschheit kann mit dem irdischen Garten weitgehend tun, was sie möchte. Ihre geistigen Führer arrangieren die Wirklichkeit so, daß sie die Gefühle und das Bewußtsein eines jeden Menschen und jeder Gruppe widerspiegelt. (Denn auch im Gruppenleben manifestiert sich das karmische Prinzip.) So werden die Menschen des Leides, welches einen jeden Krieg begleitet, eines Tages überdrüssig werden. Dann wird man solcher Tollheit für immer den Rücken kehren, und die Menschen werden Hand in Hand voranschreiten in eine neue Ära des Lichtes und der Liebe.

Die Freiheit des Menschen ist einer Einschränkung unterworfen: Andere Regionen innerhalb und außerhalb des Sonnensystems dürfen durch das Handeln auf der Erde nicht gefährdet werden. Viele unserer Leser sind bereits davon überzeugt, daß sich galaktische Beobachter in der Nähe der Erde aufhalten. Es ist eine ihrer Aufgaben einzugreifen, falls die Erdbevölkerung ihre heutige Negativität durch einen atomaren Holocaust in den Raum zu exportieren droht. Die Außerirdischen haben die technischen Möglichkeiten, Atomwaffen aus der Entfernung zu entschärfen, und sie werden dies tun, falls sich ein nuklearer Schlagabtausch anbahnt. Doch könnten sie einzelne Detonationen zulassen, damit die Menschheit die oben beschriebene Lektion schneller lernt.

Von der möglichen Beschränkung eines nuklearen Schlagabtauschs abgesehen, ist die Menschheit jedoch frei, ihren Weg zu wählen. Man vergleiche die gegenwärtige Lage mit dem Versuch, einem Kind ein Verhalten abzugewöhnen, daß ihm selbst schadet. Angenommen, wir wollten ein Kind davon abbringen, in rauhen Mengen Schokolade zu essen, weil wir wissen, daß dies nicht gut für seinen jungen Körper ist. Nun kann man die Lektion auf zweierlei Weise lehren. Zum einen kann man es bei Strafe verbieten, Schokolade zu essen. Doch selbst wenn das Kind jetzt aus Angst keine Schokolade mehr äße, so wäre doch klar, daß seine Zurückhaltung erzwungen ist und nicht aus eigenem Antrieb kommt. Die gesamte Kindheit hindurch mag der Sprößling ein heimliches Gelüste nach Schokolade hegen, und er wird ihm mit Sicherheit nachgehen, sobald er sich dem Einfluß des Elternhauses entziehen kann.

Eine andere Methode besteht darin, das Kind soviel Schokolade essen zu lassen, wie es will. Übermäßiger Verzehr mag dann zu heftigsten Bauchschmerzen führen - und das Kind würde geheilt, indem man es die Konsequenzen seiner Wahl erleben läßt. Unter Umständen wird man diesen Schoko-Marathon etwas vorbereiten müssen, indem man dem Kind zuvor mehrere Tage lang Süßigkeiten vorenthält. Dann wird es sich danach umso wahrscheinlicher ins Schokoladenfest stürzen.

Dieses »Spiel mit präparierten Würfeln« durch vorausgehenden Entzug empfehlen wir nicht unbedingt für Kinder. Es ist jedoch interessant, daß während der vergangenen Jahrzehnte ein ganz ähnliches Vorspiel arrangiert wurde, um die Menschheit von der Sinnlosigkeit des Krieges zu überzeugen. Der etwa 1947 beginnende »Kalte Krieg« zwischen dem westlichen und dem östlichen Militärbündnis - mit dem Risiko, daß jede bewaffnete Konfrontation in einen nuklearen Schlagabtausch der Supermächte eskalieren könnte - hat die einflußreicheren Staaten davon abgehalten, einander zu attackieren. Zwar kam es zu örtlich begrenzten Revolutionen und Konflikten in Lateinamerika, Afrika und im mittleren und fernen Osten, doch Atommächte wie Amerika, Frankreich und Großbritannien vermieden es wohlweislich, Länder der sowjetischen Einflußsphäre zu konfrontieren. Diese erzwungene Enthaltsamkeit in bezug auf den Krieg hatte einen ähnlichen Effekt wie der Entzug von Süßigkeiten unmittelbar vor der »Operation Schokolade«. Die Regierungen und Militärchefs aller Großmächte wurden jahrzehntelang der Gelegenheit beraubt, in einer großangelegten Konfrontation mit ihrem Kriegszeug zu spielen. Ihre Hemmungen wurden mit dem politischen Wandel in der ehemaligen Sowjetunion beträchtlich vermindert: Die Staaten des Warschauer Paktes wurden von der Hegemonie Rußlands befreit, die beiden deutschen Staaten vereinigt, und die ehemalige Sowjetunion zersplitterte, als ihre Republiken sich eine nach der anderen aus dem »Club« verabschiedeten.

Mit dem Nachlassen der Rivalitäten zwischen den Supermächten sind die westlichen Nationen weniger zögerlich geworden, ihre militärischen Muskeln spielen zu lassen. Sie erhielten dazu eine glänzende Gelegenheit, als der Irak den schweren Fehler beging, Kuwait zu überfallen. Die »Operation Wüstensturm« Anfang 1991 gab den alliierten Regierungen einen Vorgeschmack auf die verbotene Frucht, ohne daß sie selbst größere Verluste hinnehmen mußten. Sie gingen aus dem Konflikt über die Maßen selbstsicher hervor, auch jede andere militärische Operation souverän bewältigen zu können. Falls sich in den Herzen und Köpfen derer an den roten Knöpfen nicht entschieden etwas ändert, werden sie sich kriegshungrig ins Gemetzel stürzen, wenn die »Operation Harmagedon«[1] entfesselt wird - und man wird die Lektion endlich lernen.

Wir betonen, daß dieses Szenario nicht stattfinden muß. Die Wesenheiten, die für den geistigen Fortschritt der Menschheit verantwortlich sind, haben noch verschiedene andere Pläne ausgearbeitet. So könnte noch vor dem Ausbrechen eines Atomkriegs zugelassen werden, daß ein Asteroid von beträchtlicher Größe die Erde trifft. Die Kollision mit einem Himmelskörper von wenigstens einem Kilometer Durchmesser würde eine Explosion verursachen, die alles Leben in der unmittelbaren Umgebung des Aufschlags vernichtet, zahlreiche Küstenstädte überflutet und Tausende von Erdbeben und Vulkanausbrüchen auslöst. Es würde zu einem »Asteroidenwinter« kommen, in dem die Temperaturen schlag-

[1] Vgl. Offenbarung 16,16 (d.Ü.)

artig fallen und unzählige Menschen, Landtiere, Fische und Bäume vernichtet würden.

Wir haben die Möglichkeit erwähnt, daß ein Asteroid mit der Erde kollidieren könnte. Wie sollte ein solches Ereignis im entferntesten der Evolution der Menschheit dienen? Je nachdem, wo der Asteroid aufträfe, käme es natürlich zu einem mehr oder weniger großen Verlust an menschlichem und tierischem Leben in der unmittelbaren Umgebung. Wegen der schlechten Presse, die der Tod schon immer bekommen hat (weil allgemein angenommen wird, daß er das Ende der Existenz bedeute), erschaudern die meisten Menschen angesichts eines solchen Ereignisses. Doch ist der Tod an sich weder gut noch schlecht - er *ist* ganz einfach. Alle inkarnierten Wesenheiten müssen eines Tages jene Schwelle überschreiten. Wenn die Menschheit einmal versteht, daß der Tod lediglich eine Pforte zur nächsthöheren Ebene ist, wird sich die Angst legen. Die Menschen werden erkennen, daß nicht der Tod an sich der Feind ist, sondern vielmehr die während des Lebens vergebenen Chancen zu innerem Wachstum, Erleuchtung und Liebe. Zu beklagen ist eigentlich nur der verfrühte Tod, denn er schränkt die Seele in ihren Wachstumsmöglichkeiten ein.

Wir sind nicht gleichgültig gegen das Leid, das so viele beim Tod eines geliebten Menschen empfinden. Davon abgesehen, vermag Trauer die emotionale Tiefe der Hinterbliebenen sehr zu steigern. Doch sollten die Trauernden erkennen, daß ihre Wehklage den Lebenden gilt, nicht den Toten. Sie trauern um ihrer selbst willen, da der Verschiedene nicht länger unter ihnen weilt.

Wir möchten in unserer Behandlung des Todes nicht gefühllos wirken. Wir wissen, wie sehr die meisten Leser leiden, wenn sich die letzte Pforte schließt - selbst diejenigen, die die wahre Natur des Todes verstehen. Doch muß selbst eine solche Katastrophe wie ein Asteroideneinschlag letztlich dem Aufstieg der Menschheit dienen. Daher wollen wir bei dieser Gelegenheit einmal über das Massensterben hinaussehen. Man bedenke die folgenden Auswirkungen:

a) In Abhängigkeit von der Größe des Asteroiden (oder deren Anzahl), könnte der Erdatmosphäre beim Aufschlag genügend Energie zugeführt werden, um einen lokalen Hitzeeffekt hervorzurufen. Dadurch würde sich ein Teil der Atmosphäre aus dem Gravitationsfeld der Erde lösen. Dieser Effekt würde sich zu dem Betrag addieren, der dadurch in den Raum entweicht, daß der Asteroid sich seinen Weg durch die Atmosphäre bahnt. Wäre der Verlust groß genug, so würde dieses Ereignis eine meßbare Verringerung des durchschnittlichen atmosphärischen Drucks auf allen Ebenen nach sich ziehen. Die Bedingungen an jedem beliebigen Ort auf diesem Planeten würden sich so verändern, als hätte man ihn in eine höhere Lage versetzt. So wären die Einwohner von New York vielleicht atmosphärischen Bedingungen ausgesetzt, die denen von Boise (Idaho/USA, 836 m ü.M.) vor dem Einschlag entsprächen: Unter anderem würde der Druck abnehmen und das Sonnenlicht zunehmen. Desgleichen herrschten für Boise mit einem Mal Bedingungen, als hätte man die Menschen dort nach Denver (1609 m ü.M.)[1] versetzt. Interessanterweise würden dadurch die allgemeinen klimatischen Bedingungen besser auf die Schwingungshöhe abgestimmt, die für die Menschheit in den Jahrhunderten nach der gegenwärtigen Zeit des Umbruchs erwartet wird. Eine dünnere Atmosphäre würde stärkeres Sonnenlicht einschließlich UV-Einstrahlung bis auf die Erdoberfläche durchlassen. Mögen es heutige Wissenschaftler als noch so unwahrscheinlich betrachten - eine neue Vorhut der Menschheit würde sich nicht nur an die Zunahme der kürzeren Wellenlängen anpassen, sondern könnte das ultraviolette Licht tatsächlich direkt zur Energiegewinnung anzapfen. Offensichtlich würde eine solche Verdünnung der Atmosphäre eine Teilung der Erdbevölkerung nach sich ziehen, nämlich in a) eine Mehrheit, der die dünnere Atmosphäre empfindlich zusetzen würde, und b) eine Minderheit, die sich relativ leicht an die veränderten Bedingungen anpassen könnte. Die meisten Menschen hätten für das neue Umfeld eine zu niedrige Schwingungsrate, und sie wären deswegen anfällig für verschiedene Krankheiten und einen frühen Tod. Es würde eine Art »natürliche Auslese« stattfinden, und bis zum zweiten oder dritten Jahrzehnt des neuen Jahrhunderts bestünde die Erdbevölkerung zur überwältigenden Mehrheit aus Menschen, die ohne Schwierigkeiten in der veränderten Umgebung leben könnten.

b) Zweitens bedenke man einmal den psychologischen Effekt auf die Menschheit, wenn bekannt würde, daß die Erde - der Garten und Erhalter der Menschheit - in Kürze von einem Asteroiden beachtlicher Größe getroffen wird. Die physikalischen Konsequenzen eines solchen Aufschlags wären weithin bekannt, und die Nachricht von der bevorstehenden Katastrophe würde an sich schon in den Menschen ein intensi-

[1] Beispiele aus dem deutschsprachigen Raum wären etwa Berlin (35 m ü.M.), Zürich (408 m ü.M.), Garmisch-Partenkirchen (720 m ü.M.). (d.Ü.)

ves Bedürfnis wecken, sich zu gegenseitiger Hilfe und Rettung zu vereinigen. Viele, die heute in Denkmustern der Verbitterung und Fremdenfeindlichkeit festgefahren ihre Tage leben, würden schlagartig eine umfassendere philosophische Perspektive erlangen. Sie wären bereit, ihre alten Haßgefühle zugunsten einer neu erlebten Zusammengehörigkeit aufzugeben. Als die Erde in früheren Epochen von Asteroiden und flammenden Meteoren getroffen wurde, wußten nur die Menschen in unmittelbarer Nähe des Einschlags, was geschehen war. Außerdem gab es vor dem Ereignis keine Vorwarnung, und somit konnte das Wissen von der bevorstehenden Zerstörung nicht auf das Bewußtsein der Menschen wirken. Heute jedoch - wo die Medien die Nachricht von solchen vorhersehbaren Naturkatastrophen sekundenschnell in alle Welt senden - würde das Bewußtsein aller Menschen zu einer einzigen Haltung der Sorge und Betroffenheit verschmelzen.

c) Schließlich könnte die Erde auch mit einem Asteroiden kollidieren, der tatsächlich groß genug ist, um die Umlaufbahn der Erde um die Sonne oder die Neigung der Erdachse - oder beides zugleich - zu beeinflussen. Edgar Cayce und viele andere angesehene Propheten haben ja für das nächste Jahrhundert einschneidende Veränderungen in den globalen Wetterstrukturen vorhergesagt. Infolge einer allgemeinen Erwärmung werde ein großer Teil der heutigen gemäßigten Zone subtropisch werden, während subtropische Gebiete zu tropischen würden. Dabei würden die polaren Eiskappen wenigstens teilweise schmelzen. Zwar sagen Wissenschaftler entsprechende Veränderungen aufgrund des Treibhauseffekts voraus, doch halten wir letzteres Phänomen nicht für schwerwiegend genug, um das globale Wetter radikal zu verändern. Ein ausreichend großer Asteroid hingegen, der die Erde in einem geeigneten Winkel träfe, könnte entweder die Neigung der irdischen Rotationsachse (und damit die Jahreszeiten) verändern, oder aber den durchschnittlichen Abstand der Erde von der Sonne vermindern. So käme es zu einer deutlichen Erwärmung auf dem gesamten Planeten.

* * * * * *

Wir wollen hier nicht in Prophezeiungen schwelgen, doch sollten die vorausgegangenen Überlegungen in Buchform erhältlich sein. Wir möchten vor allem Einblicke in die »Wirklichkeit hinter der Wirklichkeit« anbieten. Die geistig suchenden Menschen sollen alle Phänomene auf der irdischen Ebene - selbst jene, die rein destruktiv erscheinen - als Teile eines abgestimmten Schemas erkennen, durch welches die Schwingungsrate der gesamten Menschheit angehoben werden soll. Die Ecksteine des bevorstehenden goldenen Zeitalters werden Liebe, Eintracht und Zusammenarbeit sein.

* * * * * * * *

Dieses Buch ist ein geeignetes Medium, um einen Überblick über die verschiedenen Arten von »Wesenheiten« zu geben, die sich in einzelnen Menschen befinden. Wir möchten die verschiedenen Kategorien von »Geistwesen« besprechen, wie man mit ihnen umgehen sollte und unter welchen Bedingungen man sie besser in Ruhe läßt.

Über eines muß man sich zunächst im klaren sein: Die meisten von euch sind »zusammengesetzte« Wesenheiten - auch wenn sich jeder für ein einziges Bewußtsein hält. Bei der Geburt eines Menschen legt die Seele eine bestimmte »Mischung« ihrer Eigenschaften in das neue Bewußtsein. Und wie sich dieses Bewußtsein allmählich festigt und entwickelt, projiziert die Seele immer mehr von ihren Zügen in die irdische Persönlichkeit. Viele ihrer Wesensmerkmale bleiben jedoch in der Regel unmanifestiert, da sie für das jeweilige Leben nicht geeignet wären.

Zusätzlich zu den Eigenschaften der Seele selbst erhält das Bewußtsein (normalerweise) ein oder mehrere »Anteile« von anderen Wesenheiten. In den meisten Fällen ist einer der Spender der Schutzengel der betreffenden Seele. Die anderen Anteile stammen unter Umständen von menschlichen Seelen, die dem Inkarnierten nahestehen - ob diese Seelen selbst gerade inkarniert sind oder nicht. Es handelt sich also um »zusammengesetztes« Bewußtsein, das überwiegend von der Seele selbst in die Persönlichkeit projiziert wurde, zum Teil jedoch (in der Regel nicht mehr als insgesamt 25%) von verschiedenen anderen Wesenheiten stammt.

Nun handelt es sich bei diesen hinzugefügten Komponenten keinesfalls um »Wesenheiten«, die ausgetrieben werden müßten. Wir möchten hier einen Hintergrund geben, der eine befriedigende Behandlung des Themas ermöglicht.

Ein zweiter Punkt, über den man im vorhinein informiert sein sollte, bezieht sich auf das Phänomen der »gespaltenen Persönlichkeit«. Manchmal entschließt sich eine Seele, während einer Inkarnation abwechselnd verschiedene Kombinationen von Eigenschaften zu manifestieren. Normalerweise handelt es sich dabei ausschließlich um Eigenschaften der Seele selbst. Sie wurden herausgebildet, als die Seele in vergangenen Leben mit verschiedenen Daseinsweisen und Erfahrungen experimentierte. Eine solche Tendenz zum Eigenschaftswechsel ist sehr verbreitet, und normalerweise werden die Veränderungen in der Manifestation des Bewußtseins den »Launen« eines Menschen zugeschrieben. In einigen Fällen ist das Umschlagen der Persönlichkeit besonders gravierend. Dann haben die zwei oder mehr Persönlichkeiten, die sich abwechselnd manifestieren, wenig miteinander gemein. Ganz selten teilen sich tatsächlich zwei oder mehr verschiedene Seelen einen Körper.

Drittens muß man wissen, daß viele inkarnierte Seelen periodischen Bewußtseinsschwankungen unterliegen. In der Kindheit treten solche Veränderungen ganz natürlich auf, wenn der Körper wächst und immer komplexere Eigenschaften manifestieren kann. So erlangt das heranwachsende Kind mit dem Durchbrechen eines jeden neuen Zahnes einen zusätzlichen »Kristall«-Empfänger, durch den die Seele weitere Eigenschaften manifestieren kann. Deshalb stellen viele Eltern auch mit jedem neuen Zahn eine deutliche Veränderung in ihrem Kind fest. Zu Persönlichkeitsveränderungen kann es außerdem kommen, wenn der Körper eine schwere Krankheit durchmacht und die allgemeine Vitalität am Boden liegt. Die Seele kann dann leichter die »Mischung« ändern. Dies ist der Grund für die gravierenden Persönlichkeitsveränderungen, die sich bei schweren Krankheiten manchmal beobachten lassen. In sehr seltenen Fällen kann auch hier eine ganz andere Seele den Körper übernehmen.

Nun zum eigentlichen Thema. Manchmal nisten sich im Laufe eines Lebens andere »Wesenheiten« in den feinstofflichen Energiefeldern eines Menschen ein. Sie fallen in verschiedene Kategorien:

Gedankenkomplexe

Gedankenkomplexe beruhen auf den Gedanken eines Menschen und bilden einen festen Komplex in seinem Unterbewußtsein. Ein Grund für diese unbewußte Schöpfung ist Wiederholung. Wenn man beispielsweise einem Kind immer wieder einredet, es sei häßlich, dumm oder faul, so kann dieses verstärkte Denkmuster ins Unterbewußtsein absinken und sich dort dauerhaft einlagern. Meistens wird ein Gedanke deswegen ins Unterbewußtsein verdrängt, weil sich das Bewußtsein gegen seinen Inhalt wehrt. Das trifft natürlich vor allem für negative Inhalte (z.B. »Du bist dumm«) zu.

Gedankenkomplexe im Unterbewußtsein können auch von Denkmustern hervorgerufen werden, die aus vergangenen Leben hinübergebracht oder zusammen mit »geliehenen« Bewußtseinskomponenten von anderen Seelen übernommen wurden. Solche Leihgaben werden unter Umständen gerade deswegen angenommen, weil der Empfänger dem Geber dabei helfen möchte, den Gedankenkomplex umzuwandeln oder anderweitig zu überwinden. Hierzu kann die Empfängerseele das Denkmuster zusammen mit einer Bewußtseinskomponente für ein Leben übernehmen, es umwandeln oder auf andere Weise erfolgreich damit verfahren und die Komponente anschließend gereinigt an die Geberseele zurückgeben. Diese Form des »Leidens füreinander« wird selbst von fortgeschritteneren Seelen selten richtig verstanden.

Wenn diese Gedankenformen reif sind, sich von der Persönlichkeit abzulösen, kann man sie häufig nach Art des Exorzismus hinausbefehlen. Weitere Techniken schließen das Singen von Mantras (z.B. des OM) sowie den Einsatz von Kristallen und Edelgasen ein. Natürlich muß man, wenn man sich dauerhaft von diesen Formen befreien möchte, zugleich auch die verursachenden Muster des Denkens, Fühlens oder Handelns ablegen, sonst werden diese Formen immer wieder neu gebildet.

Tieressenzen

Viele Menschen sind sich nicht darüber im klaren, daß man mit dem Fleisch und Blut einer tierischen Lebensform (die menschliche Form eingeschlossen) zugleich auch etwas von der innewohnenden Essenz in sich aufnimmt. Sie kann sich dauerhaft in den feinstofflichen Feldern eines Menschen einlagern. Je frischer das Material verzehrt wird, desto mehr tierische Essenz geht in den Körper des Menschen über. Würde man zum Beispiel einen Hund oder eine Katze töten und dann sofort das Blut trinken, so würde die Gefühlsnatur des Tieres - die ihren Sitz im Blut hat - mit Sicherheit auf den Trinkenden übergehen. Falls diese Essenz nun im Körper ein geeignetes Organ oder System findet, an dem sie sich festklammern kann, so ist es durchaus möglich, daß sie dort verbleibt und eine »Wesenheit« bildet, die ausgetrieben werden kann. In vielen Fällen löst sich diese Essenz wieder von selbst - jedoch nicht ohne dem Denken, Fühlen oder Handeln des betreffenden Menschen etwas von ihrer Wesensart aufzuprägen. Selbst gegartes Fleisch überträgt leicht einige wenig wünschenswerte Eigenschaften des jeweiligen Tieres auf den Esser. Naturgemäß wird der Einfluß besonders negativ sein, wenn man das Fleisch von einem Fleischfresser wie dem Schwein verzehrt. Tatsächlich haben mehr als 50% aller Fleischesser eine oder mehrere solcher Tierwesenheiten in ihrem Bauch angesammelt, und ihre Gesundheit würde sich deutlich verbessern, wenn sie sie entfernen könnten.

Eigenständige Wesenheiten

Auch eigenständige Wesenheiten können in die feinstofflichen Felder eines Menschen geraten - insbesondere menschliche Seelen, die zwischen zwei Leben in der unteren Astralwelt oder auf der irdischen Ebene gebunden sind. Zu Lebzeiten selbst Trinker, Mörder, Vergewaltiger oder sonst Menschen mit besonders negativen Gewohnheiten, zieht es sie unweigerlich zu inkarnierten Menschen ihres Schlages hin. Indem sie sich mit diesen inkarnierten Menschen verbinden, können sie erneut an Lastern teilhaben, denen sie selbst während ihres irdischen Lebens nachgingen. In den meisten Fällen verfangen sie sich in den aurischen Energiefeldern ihrer Opfer - vor allem deshalb, weil ihre Opfer viel trinken und Drogen nehmen. Beides öffnet den natürlichen Auraschutz und ermöglicht äußeren Einflüssen, in die Aura einzudringen und sich dort einzulagern. Manchmal handelt es sich bei diesen eigenständigen Wesenheiten um gefallene Wesen mit beträchtlicher Macht, und einige von ihnen sind nichtmenschlichen Ursprungs. Um den Zugang zu inkarnierten Seelen zu erhalten, müssen diese gefallenen Wesen jedoch ein Opfer erbringen, das der Menschheit als Ganzes nützt - auch wenn ihr Einfluß auf die heimgesuchte oder besessene Seele vornehmlich negativ ist.

Wir haben in diesem kurzen Überblick zu den verschiedenen »Wesenheiten« alles übermittelt, was gegenwärtig gegeben werden kann. Eine Wesenheit sollte nur dann im Namen Christi hinausbefohlen werden, wenn sie reif scheint, sich abzulösen. Verläßt sie jedoch den Körper nach dreimaligem Befehl nicht, so sollte man von weiteren Versuchen Abstand nehmen. Der betreffende Mensch ist noch nicht bereit, sie freizugeben.

* * * * * * *

Wir wollen uns nun einer anderen Kategorie nichtinkarnierter Wesenheiten zuwenden. Viele geistig Suchende haben über die Hierarchie der geistigen Führung, Betreuung und Lehre nachgedacht, die die Menschheit auf diesem Planeten schützend umgibt. Die meisten wissen, daß sie ihren persönlichen Schutzengel haben. Doch wurde diese Beziehung zur Förderung der geistigen Entwicklung noch nicht im einzelnen erklärt.

Die Dienste, die die Schutzengel, Lehrer und geistigen Führer der Menschheit leisten, unterscheiden sich prinzipiell nicht von der Hilfe, die auf allen Ebenen des Daseins an darunterliegende Entwicklungsstufen erwartet wird. Auch wir haben geistige Führer und Helfer auf höheren Ebenen als unserer eigenen, und diese haben ihrerseits noch erhabenere Mentoren.

Die Kette der Belehrung, Betreuung und geistigen Führung setzt sich ununterbrochen bis in die höchsten Ebenen der geistigen Welt fort, und nicht ein Geschöpf oder eine Wesenheit ist je allein gelassen oder vergessen.

Doch endet diese Kette nicht auf der menschlichen Ebene. Die Tiere auf diesem Planeten betrachten die Menschen ebenfalls als Lehrer, von denen sie über die feineren Schattierungen der Emotionen lernen sollen. Natürlich haben die einzelnen Tiere auch ihre Schutzengel und Führer in höheren Dimensionen als der irdischen Ebene. Doch wollen wir hier deutlich machen, daß die Kette des Lehrens und Helfens im Anfang zum gegenseitigen Nutzen *aller* Geschöpfe gleich welcher Entwicklungsstufe eingerichtet wurde.

So sind die Tiere Lehrer für ein noch einfacheres Bewußtsein, nämlich dem der pflanzlichen Lebensformen auf diesem Planeten. Sie erfüllen ihre Aufgabe (wie bereits erwähnt) in erster Linie durch das Fressen der verschiedenen Nahrungspflanzen. Jedesmal wenn ein Pflanzenfresser eine Pflanze, eine Frucht oder den Teil eines Baumes verzerrt, wandert die geistige Essenz der Pflanze während der Verdauung durch die vielen inneren Schichten des Tierkörpers. Dabei verschmilzt das einfache Bewußtsein, das in der Pflanze oder Frucht eingeschlossen ist, mit dem Bewußtsein des Tieres und kann so die Wirklichkeit aus dessen höherer Perspektive wahrnehmen.

Man muß sich klarmachen, daß dies für die Pflanzenwesenheit einen gewaltigen Sprung nach oben bedeutet. Für einen lichten Augenblick kann sie die Welt mit dem Bewußtsein eines völlig anderen Geschöpfes erleben: Sie geht in einer Wesenheit auf, die viel komplexer aufgebaut und geistig höher organisiert ist, und die sich viel besser konzentrieren kann. Dieser kurze Einblick in eine großartigere Perspektive als alles, was die Pflanzenessenz bis dahin kannte, gibt ihr in den meisten Fällen einen kräftigen Impuls für die eigene Entwicklung.

Die Pflanzenwelt selbst verfeinert und verbessert die mineralische Essenz, welche beinahe völlig gestaltlos im Erdboden lagert. Mit den Mineralstoffen des Bodens wird auch deren Essenz durch die Wurzeln, Stengel und Stämme in die Pflanzen aufgenommen und durch sie hindurchtransportiert. Das mineralische Bewußtsein verweilt dabei viel länger in der höheren Lebensform als eine Pflanze oder Frucht, wenn sie von einem Tier (oder Menschen) verzehrt wird. Diese längere Zeitspanne ist wegen des äußerst primitiven Bewußtseins der mineralischen Essenz erforderlich. Je höher nämlich eine Wesenheit auf der Leiter des geistigen Fortschritts emporklettert (welche auf der irdischen Ebene durch die verschiedenen Lebensformen repräsentiert ist), je konzentrierter und ausgewogener ihr Bewußtsein ist, desto kürzer bedarf sie der erhebenden Schwingungen einer höheren Wesenheit, um den nötigen Impuls zur Verbesserung und Verfeinerung ihrer eigenen Essenz zu erhalten. Die gleiche scheinbare Beschleunigung wird häufig von Menschen auf dem Pfade erfahren, wenn sie ihre geistigen Eigenschaften zu verbessern und verfeinern suchen.

Wir haben diese Kette so dargestellt, als wären die einzelnen Stadien und Ebenen klar voneinander abgegrenzt und jede Ebene würde allein mit der unmittelbar über und unter ihr liegenden verkehren. Dies ist jedoch nicht der Fall. Es versteht sich, daß die Menschen den Pflanzenwesenheiten ebenfalls von Nutzen sein können, indem sie sie essen - nur das hierbei ein Glied in der Kette übersprungen wird.

Interessanterweise sollten sich die Menschen ursprünglich allein von den Früchten der Bäume ernähren. Dieses Gebot wurde den Menschen in jener frühen Ära gegeben, auf die sich der Anfang der Bibel bezieht. Wenn ein Mensch beispielsweise einen Apfel oder eine Apfelsine ißt, dann verzehrt er ein vom Baum bereitgestelltes, besonders süßes Energiepaket. Für die Frucht sammelt die Pflanzenwesenheit ihre feinsten, man könnte sagen: »spirituell süßesten« Bestandteile, und hieraus resultiert zugleich die Süße der Frucht. Die menschliche Familie als Verfeinerer und Lehrer für einen ausgewählten Teil der Pflanzenwesenheit dienen - denn die Frucht kann aus dem vorübergehenden Verschmelzen mit dem konzentrierteren und weitaus höher organisierten Bewußtsein des Menschen am ehesten Nutzen ziehen.

Die Frage liegt auf der Hand, ob es einem Tier ebenfalls nützt, wenn man sein Fleisch ißt. Im allgemeinen ist dies nicht der Fall. Mit Ausnahme der Nahrungskette in den Flüssen, Seen und Meeren der Erde führt das Verzehren einer tierischen Form durch eine andere zu keiner merklichen Erhöhung des Bewußtseins für das Opfer. Zum einen wird das Bewußtsein des Beutetiers (wenn beispielsweise ein Fuchs einen Hasen jagt, tötet und verschlingt) durch die Jagd in panische Angst und Verzweiflung versetzt. Solche Gefühle können unmöglich das Vorspiel zu einem spirituellen Erlebnis sein - selbst wenn das Beutetier auf der Stelle mit Haut und Haar verzehrt wird und das Bewußtsein sich somit noch in dem Tierkörper befindet.

Zweitens verschlingen die meisten Fleischfresser nur einen Teil ihrer Beute sofort. Der Löwe zum Beispiel, der sich von größerem Wild ernährt, läßt den Tierkörper häufig in einem Versteck zurück, um sich später abermals daran zu sättigen. In der Zwischenzeit hat das Bewußtsein des Beutetiers natürlich längst die physische Hülle verlassen, und es wird in keiner Weise von dem Bewußtsein des Löwen umschlossen oder verfängt sich darin. Außerdem läßt die Angst des Beutetiers es praktisch nicht zu, daß sein Bewußtsein in dem des Räubers aufgeht, wenn es einmal den sterbenden Körper verlassen hat. Die Angst erzeugt eine äußerst dissonante Schwingung zwischen den beiden und verhindert daher ein solches Verschmelzen.

In den Gewässern der Erde ist das Bewußtsein der meisten Arten jedoch nicht weit genug entwickelt, um solche Angst zu empfinden. Dies gilt für die Nichtsäugetiere, also unter anderem für Fische und Krustentiere. Je größer die physische Form dieser Tiere ist, desto größer ist im allgemeinen die Menge an »Geiststoff«, die durch sie die Wirklichkeit erfährt. Und je größer die Menge an geistiger Essenz ist, desto konzentrierter und höher organisiert ist das Bewußtsein.

Nun ist allgemein bekannt, daß die Nahrungskette in den Gewässern der Größe nach verläuft: Das Plankton dient als Nahrung für winzige Meerestierchen und kleine Fische, die ihrerseits von größeren Fischen gefressen werden. Von diesen ernähren sich dann noch größere Fische, und so setzt sich die Kette fort. Im allgemeinen ernährt sich also jede Lebensform von einer kleineren und ist selbst die Beute einer größeren. Wegen des einfachen Bewußtseins dieser Lebewesen verursacht die Jagd vor dem Verschlingen nicht jene panische Angst wie bei den komplexer aufgebauten, gleichwarmen Landtieren. Daher gibt es wenig, was das Bewußtsein der Beute daran hindern könnte, für kurze Zeit vollständig mit dem Bewußtsein des Räubers zu verschmelzen. Das scheidende Bewußtsein erhält - wie bei den Pflanzen und Früchten, die von Landtieren gefressen werden - einen flüchtigen Einblick in eine höhere Perspektive als die eigene.

Doch wollen wir jetzt auf die Beziehung zwischen einem Menschen und seinem Schutzengel zu sprechen kommen.

Jede auf der Erde inkarnierte Seele hat einen Schutzengel. Er soll vor allem die inkarnierte Persönlichkeit vor Schaden bewahren, der nicht Teil des individuellen »Plans« oder Pfades ist. Eine besonders wichtige Aufgabe hat der Schutzengel während der Kindheit, doch besteht sie fort, bis sich der Lebenskreis schließt. Viele Menschen haben über eine lange Folge von Leben hinweg denselben Schutzengel. Es gibt sogar viele, die in jedem einzelnen ihrer physischen Leben denselben Schutzengel hatten.

Der Schutzengel gehört ohne Ausnahme zur Gruppe der Engelwesen, die sich nicht (oder zumindest nicht wesentlich) an der sogenannten »Versuchung« der Menschheit vor vielen Jahrmillionen auf diesem Planeten beteiligten. Damals war es zum ersten Abweichen menschlicher Seelen vom Pfad der geistigen Entwicklung gekommen.

Die Schutzengel haben angeboten, diese Aufgabe solange zu übernehmen, bis die Menschen durch ihre eigenen Bemühungen geistig aufgestiegen sind und sich nicht länger auf der materiellen Seinsebene zu inkarnieren brauchen. Jeder Schutzengel empfindet eine große Liebe für die menschliche Seele, die in seine Obhut gegeben ist. Diese Liebe würde einen Menschen völlig überwältigen, richtete der Engel sie unverhüllt auf das menschliche Bewußtsein.

Es gibt viele Geschichten von Menschen, die wie durch ein Wunder einen Autounfall überleben oder allen Widrigkeiten zum Trotz vor dem Ertrinken gerettet werden können. Mit Sicherheit hatte in jedem dieser Fälle der Schutzengel seine Hände im Spiel.

Normalerweise ist es dem Schutzengel im gegenwärtigen Stadium der menschlichen Pilgerfahrt nicht gestattet, seinen Schützling direkt anzusprechen, solange sich dieser noch in Inkarnation befindet. Zu dieser Regel gibt es nur wenige Ausnahmen. Es gehört zur Herausforderung an die Engel, den Menschen auf diese besondere Weise - also ohne unmittelbaren Kontakt auf mentaler Ebene - zu dienen. Diese Einschränkung gilt jedoch nicht für die Lehrer und Helfer.

Gegenwärtig befinden sich nicht viele Seelen in Inkarnation, denen Lehrerwesenheiten zugeordnet sind. Es gibt jedoch auf den höheren Ebenen eine Art Lehrergemeinschaft, die für eine Anzahl von inkarnierten Seelen die Aufgaben eines Lehrers erfüllt. Die betreffenden Seelen befinden sich auf einer Ebene des Verstehens, auf der sie die Mitteilungen der Lehrer verarbeiten können. Zwar wird ein bestimmter Lehrer gelegentlich zu einer Seele »sprechen«, doch heißt dies keineswegs, daß sein Umgang allein auf diese eine Seele beschränkt ist.

Man vergegenwärtige sich das Lehrer-Schüler-Verhältnis bezüglich der Quelle dieses Buches. Die Schwingungsraten des Instruments (M.B. Cooke) und der Quelle stehen in harmonischem Verhältnis zueinander, daher wurde die Wesenheit Hilarion zum höheren Fokus für diesen medialen Kanal bestimmt. Andere Lehrer hätten die Aufgabe übernehmen können, doch wäre dann der Zusammenfluß der Schwingungsenergien nicht so vollkommen gewesen. Dies hätte die Menge und Qualität der übermittelten Information beeinträchtigt. Des weiteren ist die Wesenheit Hilarion in keiner Weise auf einen medialen Kanal beschränkt. Sie steht mit vielen anderen inkarnierten Seelen in Kontakt, doch ist sich nur eine Minderheit von ihnen der medialen Verbindung bewußt. Durch die unbewußten Medien zu arbeiten, ist zugegebenermaßen erheblich schwieriger, doch werden große Mengen an neuer Information durch diese zweitrangigen Informationswege auf die irdische Ebene gebracht, und mit ihren Bemühungen waren sie der Menschheit von außerordentlichem Nutzen.

Die Lehrer sind also nicht in demselben Maße an einzelne Seelen gebunden wie die geistigen Führer und Schutzengel. Zwar gibt es von ihnen nur relativ wenige, doch können sie mit einer großen Anzahl von Menschen - und durch sie als Medien - gleichzeitig arbeiten. So könnte tatsächlich jede einzelne inkarnierte Menschenseele jederzeit geistige Führung durch eine Lehrerwesenheit erhalten, indem sie ganz einfach um Hilfe bittet und ihr Bewußtsein für das öffnet, was als Antwort gegeben wird.

Wie mit allen Dingen spiritueller Art braucht man nur um Hilfe zu bitten, und sie wird gegeben werden. Es gibt ein Gesetz auf einer sehr hohen Ebene, das dies so verlangt.

Häufig übernimmt auch eine gegenwärtig inkarnierte menschliche Seele nach dem Tode wenigstens vorübergehend die Aufgabe, einen anderen Menschen geistig zu führen. Doch wird auch hier der geistige Führer seinem »Schützling« wohlüberlegt zugeordnet. Außerdem gibt es für gewöhnlich einen oder mehrere Hauptverantwortliche unter den geistigen Führern. In der Regel wird es einer menschlichen Seele, die selbst noch im Zyklus der Wiedergeburt gebunden ist, allenfalls am Rande gestattet, einer anderen als geistiger Führer zu dienen. Es handelt sich dann um eine Art Ausbildung, bei der einer Seele ermöglicht werden soll, Karma abzutragen, indem sie einer anderen hilft.

Viel häufiger studieren menschliche Seelen zwischen den Inkarnationen geistige Themen an einer oder mehreren der verschiedenen Weisheitsschulen auf den höheren Ebenen. Selbst jene, die sich für relativ »fortgeschritten« halten, werden feststellen, daß es vieles gibt, was sie noch nicht richtig verstanden haben, und gern werden sie zwischen zwei irdischen Leben die höheren Schulen besuchen. Wir sprechen hier von denen, die auf Erden einem geistigen Weg gefolgt sind.

Die große Mehrheit jedoch, die ohne die leiseste Ahnung stirbt, was sie nach dem Tode erwartet, kann aus dem Besuch der höheren Schulen keinen Nutzen ziehen. Sie verbringt die meiste Zeit zwischen den Inkarnationen damit, sich von den unerwünschten Neigungen und Einstellungen ihres irdischen Lebens zu befreien. Dies zehrt einen Großteil ihrer Energien auf, und nur wenig bleibt für ernsthafte Studien übrig.

* * * * * * * *

Wir möchten nun auf ein Thema zu sprechen kommen, das zahlreiche Streitgespräche ausgelöst hat - sowohl unter Kirchgängern, Theologen und Atheisten als auch unter den spirituellen Suchern und Anhängern einer Lehre des neuen Zeitalters. Wir meinen die Bibel. Es ist allgemein bekannt, daß die Heilige Schrift im Laufe der Jahrhunderte vielfach abgeändert wurde, und man geht davon aus, daß zahlreiche absichtliche Auslassungen und Übersetzungsfehler ihren Wert mindern. Die verbreiteten »traditionellen« Fassungen in antiquierter Sprache sind schwer zugänglich, und man betrachtet die Bibel als weitgehend irrelevant und ohne Autorität für die heutige Zeit.

Wir möchten hier eine neue Perspektive anbieten und hoffen, die verschiedenen Positionen miteinander aussöhnen zu können. Wir werden versuchen, die verschiedenen durchaus berechtigten Bedenken ins Verhältnis zu setzen, indem wir den Gegenstand von höherer Warte aus betrachten.

Jene erlauchten Wesenheiten, die mit der Lenkung der Geschicke auf diesem kleinen Planeten betraut sind, gaben im Anfang der noch unerfahrenen Menschheit ein Versprechen: Sie wollten ihr auf dem Pfade durch die Gefahren und Versuchungen der materiellen Ebene mit »Wegweisern« beistehen. Sie haben ihr Versprechen gehalten. Eines der Glanzlichter ihres Dienstes an der Menschheit ist die Bibel.

Die Heilige Schrift sollte unter anderem als Chronik für nachfolgende Generationen dienen, doch ist sie mehr als nur ein historischer Bericht längst vergangener Ereignisse. Oft überwiegt in ihr das Gleichnishafte - doch ist sie deswegen nicht rein symbolisch oder als eine Sammlung von Aphorismen zu verstehen. Und wenn sie auch viele der ergreifendsten Passagen enthält, die je geschrieben wurden, sollte sie doch nicht nur ein Beispiel inspirierten Schreibens geben. Die Bibel ist weit mehr als all dies.

Die Bibel ist eine Pforte zu den höheren Welten.

Durch sie kann die Menschheit Reiche des geistigen Bewußtseins wahrnehmen und erreichen, die sich viele nicht einmal erträumen. Wir möchten hier einen neuen Einblick in die Absicht dieses wunderbaren Buches geben. Er wird dem spirituellen Sucher helfen, sich schneller seinem Ziel zu nähern.

Zunächst muß man verstehen, was eine *Gedankenform* ist. Wenn viele Menschen mehrere Jahrhunderte über denselben Satz oder Text nachdenken, wird dabei auf der ätherischen Ebene ein gewaltiger Energievorrat angesammelt, der natürlich auf den ursprünglichen Gedanken oder Text abgestimmt ist. Wer sich nun mit demselben Gedanken befaßt oder den Text liest, verbindet sich mit diesem ätherischen Energiespeicher, und die Kraft der Gedankenform durchflutet sein Bewußtsein.

Nun haben die weitaus meisten Menschen, die im Laufe der Jahrhunderte über die verschiedenen Bibeltexte nachdachten, dies mit tiefer Hingabe getan. Sie faßten die Bibel als von Gott inspiriert auf, und deutlich spürten sie die Heiligkeit der Worte. Für viele von ihnen war die Bibel das einzige Buch, das sie je mit einiger Regelmäßigkeit lasen. Die Schwingungsenergien, die die Gedankenform der Bibel bilden, sind spürbar von der Andacht dieser Menschen, ihren erhebenden Gefühlen und ihrem Glauben an die heilige Eingebung geprägt. Darüber hinaus hat man vielen einzelnen Versen und Textstellen eine besondere Hingabe entgegengebracht, weil sie so vollkommen eine bestimmte Facette des Lichtes und der alles umfassenden Wahrheit verkörpern. Ein Beispiel ist der 23. Psalm. Das Vaterunser ist ein anderes. Von höherer Warte aus betrachtet, sind diese erlesenen Textstellen wie geistsprühende Juwelen in einer Wolke von sanftem heilenden Licht. Wer an ihre Bedeutung rührt, ergreift wahrlich die Hand Gottes. Es ist kein Zufall, daß die englischsprachigen Länder die *Authorized (King James) Version*[1] dieses heiligen Buches in Ehrfurcht bewahrt haben, und daß so viele sich gegen die Einführung moderner Übersetzungen sperrten. Die geistigen Führer der Menschheit haben einen besonderen Schutz für die ursprüngliche Fassung eingerichtet, um die beschriebene Wirkung der Gedankenform möglichst zu steigern. Nur indem dieselbe Fassung mehrere Jahrhunderte lang beibehalten wurde, konnte die Kraft der ätherischen Form immer weiter anwachsen, und ihr Nutzen für nachfol-

[1] Die *Authorized (King James) Version* (1611 zum ersten Mal veröffentlicht) war über drei Jahrhunderte lang im englischsprachigen Raum allgemein als Standardübersetzung der Bibel anerkannt. Die folgenden Ausführungen dürften aber auch für die traditionellen deutschsprachigen Fassungen zutreffen. (d.Ü.)

gende Generationen von Bibellesern ist unvermindert. Liest man jedoch denselben Gedanken in einer modernen Übersetzung, so stellt man dabei nur teilweise eine Verbindung zur Kraft der Form her. Wir möchten hier darauf hinweisen, daß ihr aus der regelmäßigen Lektüre der Bibel - insbesondere der traditionellen Fassungen - großen Nutzen ziehen könnt. Dies gilt ungeachtet eurer geistigen Orientierung und eurer Ansichten über konventionelle Religion. Öffnet beim Lesen dieses erhebenden Buches einfach euer Herz für die Schwingungen, die ein jedes Wort, jeden Vers und jeden Gedanken begleiten. Vielleicht könnt ihr mit eurem inneren Auge sogar die wunderbaren Farben sehen, die die einzelnen Textstellen umgeben. Seid euch der offensichtlichen Bedeutung bewußt, doch seht auch darüber hinaus. Viele Verse sind absichtlich so formuliert, daß sie mehrere Bedeutungsebenen haben. Für »Augen, die da sehen«, ist die Bibel ein Meisterwerk der Vielschichtigkeit - besonders das Neue Testament, und darin die Worte Jesu. Wir werden einige Beispiele anführen, denen die meisten schon einmal begegnet sein werden. Doch möchten wir zunächst ein Bild von der Persönlichkeit des Meisters geben.

Jesus hatte auf alle, die ihm begegneten, eine ganz außergewöhnliche Wirkung. Er war nicht, wie viele fürchten, ein ernster und entsagender Mensch, der immer nur von Gott und religiöser Pflicht sprach. Die Apostel wollten natürlich für die Nachwelt jene Worte und Ereignisse festhalten, denen sie für die Mission Christi besondere Bedeutung beimaßen. Von einer Ausnahme abgesehen, empfanden die Jünger tiefe Ehrfurcht wegen der Weisheit und Kraft des Meisters. Doch war da noch die andere Seite seiner Persönlichkeit, die Jesus bei allen beliebt machte.

G.K. Chesterton[1] endet sein Buch *Orthodoxy* mit einer interessanten Spekulation, nämlich ob nicht vielleicht einer der charakteristischsten Züge Jesu in der Heiligen Schrift unerwähnt blieb: Seine Heiterkeit. Der Autor hatte recht, denn tatsächlich war Jesus ein ausgesprochen fröhlicher Mensch. Er wußte nur zu gut, was andere zum Lachen bringen würde, und schnitt seinen Humor entsprechend zu. Er konnte spontan die urkomischsten Geschichten erfinden und war ein Meister des Wortspiels. Interessanterweise wird das Wortspiel aus geistiger Sicht als eine der höchsten Formen des Witzes betrachtet. Sogar einige der biblischen Worte des Meisters zeugen von seinem Talent. Als er zum Beispiel sagte: »Du bist Petrus, und auf diesen Felsen will ich bauen meine Ge-

[1] Gilbert Keith Chesterton, englischer Schrigtsteller (1874-1936). Autor der Peter-Brown-Detektivgeschichten. (d.Ü.)

meinde«, spielte er mit Worten und prophezeite zugleich. In der Sprache seiner Zeit - wie auch in einigen neueren Sprachen - ist der Name Petrus klanglich dem Wort für »Stein, Fels« gleich. (Man vergleiche das französische Wort »pierre« für »Stein« und den Namen »Pierre« für »Petrus«.) Somit sagte Christus hier eigentlich: »Du bist Fels, und auf diesen Felsen will ich bauen meine Gemeinde.«

Weitere Beispiele der Mehrdeutigkeit lassen sich in den Worten finden, die die Apostel der Nachwelt erhalten haben. Als Jesus zum Beispiel sagte: »Ihr müsset von neuem geboren werden«, so hatte er dabei nicht nur die heute von den konventionellen Kirchen verbreitete Auslegung im Sinn (daß man noch während dieses physischen Lebens im Geiste »wiedergeboren« werden muß), sondern ebenso die Idee der physischen Wiedergeburt oder Reinkarnation, mit der die meisten seiner Zuhörer vertraut waren. Wir finden es bemerkenswert, wie die Vertreter konventioneller Lehren auf dem Standpunkt stehen können, daß diese mehrdeutigen Worte Jesu nur in einer bestimmten Weise ausgelegt werden dürften. Damit sagen sie gleichsam, das Göttliche müsse auf einer Ebene lügen, um auf einer anderen die Wahrheit sagen zu können.

Gott unterliegt aber keiner solchen Beschränkung. Häufig lassen sich die Worte Jesu rein wörtlich, symbolisch, prophetisch und aus spiritueller Sicht zugleich auslegen - und alle Deutungen stimmen gleichermaßen. Jesus vermochte Seinen Worten derart kunstvoll Sinn beizumischen, daß die Verleumder ihm oft nichts zu erwidern wußten. Und nach einem raffinierten Wortspiel brachen selbst sie in schallendes Gelächter aus.

Doch erschöpfte sich der Humor des Meisters nicht in geistreichen Wortspielen. Sein Sinn fürs Komische war eine reine Freude, und oft bogen sich die Zuhörer vor Lachen. Unterhaltungskünste ebneten Jesus den Weg in die Häuser der Wohlhabenden und Mächtigen, und im Anschluß konnte er dann auch über ernstere Themen sprechen.

Der Meister war auch wegen seiner musikalischen Fähigkeiten sehr gefragt. Er spielte hinreißend schön auf einem lautenähnlichen Instrument, und sein Gesang rührte die Zuhörer oft zu Tränen.

Er liebte die Kinder und hatte viel Verständnis für sie. In ihrer Arglosigkeit spiegelte sich für ihn die anfängliche Unschuld des Menschen. Er wußte, daß die harte Realität diesen Funken der Reinheit nur allzu früh erlöschen ließ. Denn Gott wünscht sich alle Menschen wie die Kinder: unschuldig und vertrauensvoll beim Spiel in den Feldern des Herrn.

Doch war der Meister nicht allein gekommen, um die Menschen mit Humor und Musik zu unterhalten: Er sollte einen größeren Plan erfüllen. Er war der Herold des damals anbrechenden Fischezeitalters und sollte den Unsicheren ein Vorbild geben, auf das sie ihr Leben und Handeln vertrauensvoll stützen könnten. Er spielte diese Rolle vollkommen. Die Gedankenform Seines Lebens ist in den vergangenen zweitausend Jahren so deutlich geworden, daß man jederzeit seine Entscheidungen mit denen vergleichen kann, die Jesus getroffen hätte. Wir möchten dies näher erläutern.

Das Leben des Meisters ist den Äthern des Raumes aufgeprägt, und jede inkarnierte Seele hat Zugang dazu, indem sie einfach an Ihn denkt. Wann immer ihr eine schwierige Entscheidung treffen müßt, fragt euch, was Jesus in dieser Situation getan hätte. Ihr werdet die Antwort sofort wissen. Leider bemühen sich - selbst unter Geistlichen - nur wenige mit dieser Übung. Und weniger noch wählen dann, wie er gewählt hätte. Doch werden alle falschen Entscheidungen letztlich auf einen selbst zurückfallen. Ein geistreicher Mensch sagte einmal, dem Menschen sei Raum gegeben, um zu versuchen... und Zeit, noch einmal zu versuchen. Das ist nicht ganz falsch, denn die materielle Ebene soll dem Menschen tatsächlich ermöglichen, ein Problem wiederholt anzugehen. Wenn ihr daher versagt, solltet ihr der verpaßten Chance nicht nachtrauern. Bringt die Sache hinter euch und bittet darum, es noch einmal versuchen zu dürfen. Gewiß werdet ihr eine weitere Gelegenheit erhalten.

Es wird in letzter Zeit heftig diskutiert, welches die »richtige« Bedeutung verschiedener Bibelstellen sei. Die konventionellen Kirchen, die »Wiedergeborenen Christen«, die verschiedenen Bewegungen des neuen Zeitalters - jeder vertritt seinen eigenen Standpunkt. Doch sollte man über die Schriftauslegung nicht streiten. Haltet einfach an eurem gegenwärtigen Glauben fest, bis sich eine umfassendere Perspektive auftut - dann wählet neu. Sorgt euch nicht über die Maßen, ob eure Betrachtungsweise die »richtige« ist. In gewissem Sinne stehen alle Auslegungen hinter der Einen Wahrheit zurück. Ihr werdet die Dinge solange nicht aus Gottes Sicht schauen können, bis ihr wieder *eins* mit ihm seid. Vergeßt nicht: Gott möchte das Universum aus *eurer* Sicht sehen. *Daher* legte Er einen Funken Seiner Göttlichen Flamme in ein jedes Herz.

Wir möchten uns nun einem Thema zuwenden, das wir bereits in der Stoker-Geschichte angeschnitten haben. Ende der achtziger - Anfang der neunziger Jahre sind mehrere TV-Evangelisten durch Skandale in Verruf geraten, und man mag sich nach der geistigen Sicht zu diesen Ereignissen fragen. Wir wollen hier weder Ehre noch Schande auf diese Menschen häufen, sondern lediglich die größeren Zyklen von Wandel und Fortschritt erklären, soweit sie diesen Bereich menschlicher Bemühungen betreffen.

Den charismatischen Evangelisten, die über Radio und Fernsehen Millionen erreichten, war im Todeskampf des Fischezeitalters eine besondere Rolle zugedacht. (Das Fischezeitalter ist die Ära, die durch die Ankunft Christi vor etwa zweitausend Jahren eingeleitet wurde.) Die geistigen Führer der Menschheit sahen, daß es trotz der Verbreitung der christlichen Botschaft über einen Zeitraum von zweitausend Jahren viele Millionen Menschen gab, die noch nicht zu einem Bewußtsein der höheren Wahrheiten erwacht waren: Ihre Aufmerksamkeit kreiste nach wie vor um wenig mehr als irdische Genüsse und irdischen Besitz. Natürlich ist die christliche Sichtweise nicht die einzige, durch die eine Seele geistig voranschreiten kann. Doch war das Christentum als führende Lehre für das Fischezeitalter vorgesehen, und den meisten war wenigstens ein Leben in engem Verbund mit den Lehren Jesu bestimmt. Als sich nun Anfang des zwanzigsten Jahrhunderts abzeichnete, daß noch immer eine große Anzahl von Menschen mit den Grundlehren des Christentums nicht vertraut war, entschlossen sich die geistigen Führer der Menschheit zu einem gewissermaßen drastischen Programm, um diese Nachzügler wenigstens flüchtig mit den Grundideen des christlichen Glaubens vertraut zu machen. Dieses Programm begann mit den frühen Rundfunk-Evangelisten und wurde dann später mit der Entwicklung und Verbreitung des Fernsehens über dieses Medium fortgesetzt. Man trat an einige kraftvolle Seelen heran, ob sie bereit wären, sich in Verhältnisse zu inkarnieren, in denen es sie zur evangelistischen Arbeit hinziehen würde. Man erklärte ihnen, daß diese Rolle gewisse Versuchungen und Risiken in sich berge. Außerdem wurde ihnen mitgeteilt, daß die geistigen Führer der Menschheit gegen Ende des zwanzigsten Jahrhunderts Ereignisse arrangieren müßten, die die Bewegung in Verruf brächten. Es gab mehrere Gründe dafür, daß man zu diesem späteren Zeitpunkt bewußt das Ende der evangelistischen Bewegung herbeiführen wollte. Die besondere Philosophie der TV-Prediger verträgt sich nicht mit den traditionelleren Religionsformen - insbesondere mit dem katholischen Glauben. Sogar untereinander sind sich die Evangelisten uneinig, und es kommt hin und wieder zu Rivalitäten und Eifersüchteleien. Solches Gebaren steht nicht nur im krassen Gegensatz zu den Ideen des neuen Zeitalters, es ist obendrein eindeutig unchristlich. Entsprechend haben die TV-Prediger Großes geleistet, indem sie die christlichen Grundlehren auch an die Letzten herantrugen, die sich viele Leben lang nicht damit vertraut gemacht hatten. Doch haben sie durch ihr Verhalten zugleich dem Ziel entgegengewirkt.

Ein zentrales Problem war und ist die Notwendigkeit, astronomische Summen zur Finanzierung der Rundfunk- und Fernsehübertragungen aufzubringen. Da erliegt man leicht der Versuchung, sich selbst großzügig zu bedienen und einen üppigen Lebensstil zu führen. Mit solchen Beweisen menschlicher Fehlbarkeit hatten die geistigen Führer gerechnet, und sie zählten darauf, um die Augen der Gläubigen zu öffnen. Wer sich nach den Enthüllungen über seinen bevorzugten Prediger im Stich gelassen fühlte, würde hoffentlich nicht das Kind mit dem Bade ausschütten: Die Menschen sollten an ihrem neugefundenen Glauben festhalten, während sie nach anderen Quellen der Inspiration suchten.

Wir möchten noch einmal zu der Geschichte des Meisters zurückkehren und einen weiteren Aspekt beleuchten. In ferner Vergangenheit - weiter zurück, als die Quellen der heutigen Menschheit reichen - ging ein anderer Avatâra[1] unter die Menschen und hielt Zwiesprache mit ihnen. Sein Name tut nichts zur Sache, er würde ohnehin keinem der heute Lebenden etwas sagen. Dieser Avatâra war Jesus in vieler Hinsicht ähnlich - doch trugen ihm die politischen und sozialen Verhältnisse seiner Zeit keine große Nachfolgerschaft ein. Er gründete keine Kirche, seine Worte sind der Nachwelt nicht in heiligen Büchern erhalten geblieben, und keine Regierung fühlte sich durch ihn bedroht. Er leistete aber eines von großer Bedeutung: Er lehrte einige auserwählte Menschen, auf die Stimme Gottes in ihrem Herzen zu hören. Und diese Meditationstechnik wurde sorgfältig von Generation zu Generation weitergegeben. Dank des Vermächtnisses, das der frühere Avatâra viele Jahrtausende zuvor hinterlassen hatte, konnte Jesus in jungen Jahren zügig alle östlichen Techniken meistern. Und Jesus legte großen Wert darauf, daß auch Seine Jünger von Grund auf lernten, »in die Stille zu gehen«. Dies ist nämlich der beste Weg, die eigene Schwingungsrate anzuheben und das geistige Urteil zu schärfen.

[1] Avatâra [altind. >Herabkunft<]: die Inkarnation eines göttlichen Wesens (d.Ü.)

Jesus selbst meditierte jeden Tag, denn so konnte Er Seine mediale Verbindung zum Göttlichen Vater rein halten. Doch haben alle Menschen die gleichen Fähigkeiten ererbt, die der Meister so vorbildlich demonstrierte. Seine Taten mögen uns heute wie Wunder erscheinen, aber sie können tatsächlich von jedem vollbracht werden, der seine wahre geistige Natur entdeckt hat und sich aller Schöpfung verwandt weiß. So erwachte Jesus zur geistigen Meisterschaft, und in der gleichen Weise wird die Offenbarung eines Tages zu allen auf diesem Planeten kommen. Wir sehen sogar für die nähere Zukunft voraus, daß die gesamte Menschheit vereint die Liebe Christi verkörpern wird. Man hat dies die »Taufe der Menschheit« genannt, und sie wird alle Menschen in einer Welle der Liebe von ungeahnten Ausmaßen erfassen. Es wird die Skeptiker Staunen machen, die heute noch kopfschüttelnd von ihren Raumschiffen aus die Irrwege der Menschheit mitverfolgen. Ihre Verwunderung wird sich bald in Neugierde wandeln - dann in den Wunsch, das Geheimnis eurer Liebe zu lernen. Heiter und gelassen wird diese neue Empfindung von einer Menschheit ausströmen, die sich nur wenige Jahrzehnte zuvor durch eigene Hand zu vernichten drohte. Und wenn die Kinder der Erde beginnen, das Universum das Geheimnis der Christusliebe zu lehren, werden jene Beobachter einer Facette des Seins gewahr werden, die sie bis dahin nicht kannten.

Und mit diesem erhabenen Beweis der Liebe Gottes wird Jesu Sendung sich erfüllen.

* * * * * * *

Wir kehren nun zur Stoker-Geschichte zurück.

Der Bus hob jetzt langsam vom Boden ab. Thorion schien sich wieder einer mentalen Konzentrationstechnik zu bedienen, denn seine Hände berührten keinen der Hebel.

Das Abenteuer nach dem Tode hatte Stoker ziemlich gepackt. Er spürte ein intensives Verlangen, die Vielfalt der feinstofflichen Ebenen zu entdecken und zu erleben. Und all diese Gefühle schienen wie aus dem Nichts entstanden zu sein... Stoker war so sehr in die Betrachtung seiner neuen Umgebung vertieft gewesen, daß er erst jetzt auf die tiefgreifenden Veränderungen in seiner Persönlichkeit aufmerksam wurde. Er wußte, daß er während seines letzten irdischen Lebens nie ein solches Mitgefühl empfunden hätte wie für Tariq, und daß ihn ein solches Abenteuer in unbekannte Welten sonderlich nicht begeistert hätte. Auch hätte er wohl kaum das Bedürfnis verspürt, sein Wissen und Verstehen zu erweitern.

»Ja, du scheinst dich tatsächlich sehr verändert zu haben«, bestätigte Thorion mit einem Gedanken. »Doch in Wirklichkeit verbindest du dich nur immer stärker mit deiner Seele oder deinem Höheren Selbst. Diese ewige Flamme im Innersten deines Wesens projiziert von Zeit zu Zeit einen Teil ihrer selbst als Persönlichkeit in die materielle Ebene. Wenn dann eine Inkarnation beendet ist, verschmilzt die Persönlichkeit wieder zunehmend mit dem inneren Lebensquell - bis dir alle Erinnerungen und das gesamte Wissen deiner Seele zugänglich sind.«

»Dann ist also das, was ich jetzt bin - ich meine, was ich war, als ich noch lebte - gar nicht mein richtiges Ich?«

»Sieh her, Stoker. Dieses ›richtige‹ Ich ist ja keine unveränderliche Zusammenstellung von Charakterzügen. Deine Eigenschaften verändern und entwickeln sich doch ständig. Doch der in dir, der beobachtet, betrachtet und experimentiert - DER ist ewig! In der Regel stellt dein wahres Selbst eine ›Mischung‹ verschiedener Charakterzüge zusammen nach dem Gesichtspunkt, wie es die besten Aussichten auf seelischen Fortschritt hat. In diesem Zusammenhang ist dein letztes Leben interessant. Kurz vor der Geburt hatte sich deine Seele entschlossen, all ihre finstersten Facetten in die neue Persönlichkeit hineinzulegen. Sie verbanden sich zu jener rohen, tyrannischen Persönlichkeit, mit der du dich identifiziertest. Durch die Ehe mit Laura solltest du dazu bewegt werden, deinen Charakter zu verfeinern. Es hat nicht viel gefehlt, dann wäre dir dies auch geglückt... Na ja, es ist nicht so schlimm. Du wirst weitere Gelegenheiten erhalten.

Mach dir jedenfalls bewußt, daß die beschämenden Züge der Stoker-Persönlichkeit nur ein Teil des Ganzen sind. Unter den Facetten, die deine Seele für diese Inkarnation zurückgehalten hat, sind auch viele bewundernswerte Eigenschaften: Unternehmungslust, Mitgefühl, ein wacher Verstand und ein intensives Bedürfnis, die eigene Kraft zur Rettung anderer einzusetzen. Du wirst feststellen, daß sich diese vorzüglichen Eigenschaften immer vollständiger manifestieren werden, je länger du dich in der Astralwelt aufhältst. Und was jene ungeschliffenen Facetten angeht... nun, du hast ja bereits damit begonnen, sie umzuwandeln. Als du zum Beispiel Tariq begegnet bist, wolltest du da nicht für einen Moment mit ihm kämpfen? Doch der Zorn, der während deines irdischen Lebens für unseren mißgestalteten Freund noch eine gehörige Tracht Prügel bedeutet hätte, verflog ganz einfach. Du standest bereits unter dem Einfluß der positiveren Züge, die von deiner Seele herabstrahlten.«

»Doch irgendwie gefällt mir der Gedanke nicht - ich möchte nicht von meiner Seele absorbiert werden. Ist das nicht wie ertrinken? Oder bewußtlos werden?«

»Keine Sorge. Das Ich, das dir vertraut ist, wird dabei nicht ›absorbiert‹. Man erinnert sich ganz einfach daran, wer man wirklich ist. Angenommen, ein Mensch erleidet einen Gedächtnisschwund und vergißt die letzten fünf Jahre völlig. Selbst wenn er sich dann an die Ereignisse dieser Zeit nicht mehr erinnern kann, so gehören sie dennoch zu ihm - er hat sie ja tatsächlich erlebt. Trifft dieser Mensch nun jemanden, der während der vergessenen Jahre eine wichtige Rolle in seinem Leben gespielt hat, so kann dies spontan seine Erinnerung wiederherstellen. Was er dann erlebt, ist keineswegs wie ertrinken. Ihm öffnet sich lediglich eine umfassendere Perspektive auf sein Leben, und er erinnert sich an Einzelheiten und Inhalte, die vorübergehend verdeckt waren. So ist es auch mit allen, die die Schwelle des physischen Todes überschreiten Sie ›erinnern‹ sich an immer neue Facetten, Begabungen, Erfahrungen und Lektionen, die für den Zeitraum eines Lebens verhüllt waren.

Bevor eine Seele jedoch die vollständige Erinnerung wiedererlangt, muß sie noch einmal zu allen Fehltritten und nichtbestandenen Prüfungen des gerade abgeschlossenen Lebens zurückkehren. Sie muß erkennen, wann sie ›gewogen und zu leicht befunden‹ wurde. Diese Rückschau hat grundsätzlich einen gewissen therapeutischen Wert - sie bestärkt die Seele in ihrem Entschluß, es beim nächsten Mal besser zu machen.«

Diese Neuigkeit beunruhigte Stoker. Er wußte, daß er vielen Menschen Leid zugefügt hatte - ganz zu schweigen von dem Tod seines Schwagers. Außerdem war er jetzt viel sensibler und verspürte ein tiefes Mitgefühl mit anderen Menschen. Würde ihn diese Rückschau da nicht peinigen?

»Deine Bedenken sind nicht ganz unberechtigt«, warf Thorion ein. »Doch mach dir auch deswegen keine Sorgen. Du wirst nie mit mehr konfrontiert werden, als du vertragen kannst. Vergiß nicht, daß das Verfahren nichts mit Verurteilung, Verdammung oder Strafe zu tun hat. Du wirst beurteilt werden, doch wird es das Urteil deines eigenen Herzens und Gewissens sein. Es sind wohl einige andere Wesenheiten an der Rückschau beteiligt, doch besteht ihre Aufgabe nicht darin, über Erfolg oder Versagen richten. Sie werden lediglich nach deinem Wohlergehen sehen und die Instrumente bedienen, mit denen die Akasha-Chronik für deine Rückschau abgesucht, angezapft und scharf gestellt werden kann. Wenn du dann von der heilsamen Wirkung dieser Erfahrung überzeugt bist, kannst du später selbst einmal erwägen, ob du dich nicht zum Helfer ausbilden lassen möchtest.

»Was mich am meisten beunruhigt«, gab Stoker zu bedenken, »ist das Karma, das ich im letzten Leben auf mich geladen haben muß. Mein Schwager ist durch mich umgekommen, und ich habe vielen Menschen Gewalt angetan. Das Ausmaß meiner Schuld ängstigt mich.«

»Auch deswegen brauchst du dich nicht zu beunruhigen. Deine Schuld wird zur rechten Zeit angegangen und beglichen werden. Und was die Ermordung deines Schwagers betrifft, so ist das meiste Karma dieser Tat bereits getilgt.«

»Wie denn das?«

»Durch deinen Tod auf dem elektrischen Stuhl. Dein Leben wurde verkürzt, wie du das Leben eines anderen verkürzt hast. Das gleicht sich so ziemlich aus.«

»Dann bist du also für die Todesstrafe?«

»Hm... das ist ein heikles Thema für die gegenwärtige Erdbevölkerung. In Wahrheit gibt es viele Wege, das Karma eines Mordes zu begleichen - selbst getötet zu werden ist nur einer von ihnen. Eine Frau kann ein Kind zur Welt bringen und somit Leben »geben«. Oder man kann zum Ausgleich der Menschheit in größerem Rahmen dienen. Verstehst du, die Idee der Todesstrafe geht auf die mosaischen Gesetze zurück: Auge um Auge, Zahn um Zahn. Mose hatte die Anweisung erhalten, dieses gewissermaßen drakonische Recht einzuführen, weil die Gesellschaft seiner Zeit zur Rehabilitation nicht die Mittel, das Wissen und das Mitgefühl besaß. Heute sieht man die Sache ja anders...

Du hast gefragt, ob ich für die Todesstrafe bin. Das hängt vom Einzelfall ab - manche Mörder sind derart stur und uneinsichtig, daß selbst das beste Rehabilitationsprogramm erfolglos bliebe. In solchen Fällen spricht einiges dafür, ein Leben abzubrechen und ein neues in Angriff zu nehmen. Die Seele wird dann hoffentlich bessere Entscheidungen treffen. Doch gibt es auch viele Fälle, in denen Beratung und verschiedene Rehabilitationsprogramme gute Erfolgsaussichten haben, und die Seele könnte noch in demselben Leben gute Fortschritte machen. Wir sind weder für noch gegen die Todesstrafe: Für uns zählt in allem das Potential für den Fortschritt der Seele. Um sich vom Rad der Wiedergeburt zu befreien, muß eine Seele dreierlei meistern: Sie muß die grundlegenden kosmischen Gesetze verstehen, denen die Erfahrung in den manifestierten Welten unterworfen ist; sie muß den Göttlichen Atem im Herzen aller Geschöpfe entdecken und ehren lernen; und sie muß das Geheimnis lüften, wie man die gesamte Schöpfung lieben kann. Jede Seele, die diese Ziele erreicht hat, braucht nicht länger zur irdischen Ebene zurückzukehren. Sie hat den Sinn der Inkarnation in die materielle Welt erfüllt.

»Das ist unabhängig von verbleibendem Karma?«

»Nein. Der größte Teil der karmischen Last muß entweder von der Wesenheit selbst beglichen oder von einer anderen übernommen werden. Wenn aber die drei genannten Eigenschaften einmal erlangt sind, bleibt für gewöhnlich nur noch wenig Karma abzutragen.«

»Und was geschieht mit denen, die diese höhere Stufe erreicht haben?«

»Auch das ist für jede Seele verschieden. Viele haben ein solches Mitgefühl mit ihren Mitmenschen, daß sie freiwillig zurückkehren, um wenigstens einigen von ihnen auf dem Wege zu helfen. Denk nur an unseren Freund unter dem Felsen, der eine letzte Gelegenheit zum Leben auf der Erde erhielt. Als Mutter für ihn hatte sich eine fortgeschrittene Seele angeboten, die gar nicht mehr zur irdischen Ebene zurückzukehren brauchte. Sie wollte einigen ihrer Geschwister helfen, indem sie sich als Medium für ihre physische Geburt anbot. Sie hätte stattdessen auch gewisse höhere Tempel des kosmischen Lernens besuchen können. Oder sie hätte der Menschheit vom Jenseits aus beistehen können - indem sie Menschen inspiriert, die sich in Schlüsselpositionen verschiedener Art befinden und zum Empfangen ihrer Gedanken sensibel genug sind.«

»Und woran kann man auf der irdischen Ebene erkennen, ob jemand eine solche fortgeschrittene Seele ist?«

»Die meisten können es nicht. Nur wer die Aura zu sehen vermag, kann diese freiwillig zurückgekehrten Seelen unterscheiden. Ihre Aura erscheint dem Hellsichtigen in den meisten Fällen hellgelb.«

Fasziniert von Thorions Mitteilungen, hatte Stoker kaum auf die Umgebung geachtet. Er sah aus dem Fenster und schluckte: Der Doppeldecker flog erschreckend hoch über der hügeligen Landschaft. Sie schienen den höchsten der fernen Gipfel anzusteuern. In Gedanken formulierte Stoker eine Frage an Thorion.

»Dacht' ich mir's, daß du deswegen fragen würdest«, kam die Antwort. »Wir werden gleich den ›Hüter der Schwelle‹ besuchen.«

»Wen, bitte?«

»Den ›Hüter der Schwelle‹. Er bewacht den Zugang zur nächsthöheren Ebene.«

»Ja, aber... kannst du denn nicht einfach mit den Augen zwinkern, oder so, und schwupp - sind wir drüben?« Stoker erinnerte sich an die alte Fernsehserie *I dream of Jeannie*{1}.

»Ah ja - diese bezaubernde Dame, die die Leute im Handumdrehen an einen anderen Ort versetzen konnte«, erwiderte Thorion, die Frage und das Hintergrundbild zugleich lesend. »Natürlich gibt es eine mentale Technik, um den Bus mitsamt seinen Passagieren in eine höhere Sphäre zu versetzen. Doch habe ich gute Gründe, es in diesem Falle nicht zu tun. Zum einen solltest du und Tariq den Hüter der Schwelle kennenlernen. Zum anderen gelten für diese höheren Sphären besondere Regeln:

[1] eine amerikanische Fernsehserie (d.Ü.)

Wer sich bereits auf einer zu hohen Ebene aufhält, muß den Hüter der Schwelle aufsuchen und ihn um Rat fragen, bevor er noch weiter aufsteigen darf. Auch würde ich ein Risiko eingehen, wenn ich versuchte, mehrere Individuen verschiedener Schwingungshöhe zusammen mit diesem künstlichen Gefährt in eine höhere Astralebene zu beamen. Ich tu' ja gleichzeitig noch viele andere Dinge, verständige mich mit verschiedenen Seelen...«

»Ein Risiko?«

»Wie gesagt, du solltest keine phantastischen Vorstellungen von meinen Kräften entwickeln. Meine Möglichkeiten sind begrenzt. Wenn es mir nicht gelänge, euch sowohl zur gleichen Zeit wie den Bus als auch in seinem Innern zu manifestieren, so wäre das außerordentlich schmerzhaft und verwirrend zugleich für euch. Etwas ganz anderes ist es, wenn ich nur mich selbst an einen anderen Ort versetzen möchte. Dann muß ich mir bei der Ankunft nicht jedesmal einen neuen Körper machen, und das Schwingungsumfeld am Zielort ist für mich auch kein Problem. Doch kann ich es nicht zulassen, daß einer von euch auch nur den Bruchteil einer Sekunde ohne Körper ist - es wäre einfach zu verwirrend.«

»Dieser Hüter... lebt der einfach nur dort oben auf dem Gipfel? Ich meine, könnte er sich denn woanders nicht nützlicher machen?«

»Ein ganz außergewöhnlicher Bursche ist das«, bemerkte Thorion. »Und was seinen Nutzen betrifft - du wärest überrascht, was er so alles vollbringt. Im Augenblick kontrolliert er gerade einen medialen Kanal auf der irdischen Ebene. Er überträgt seine Gedanken auf einen jungen Mann, der sie dann für andere ausspricht oder aufschreibt. Der junge Mann ist sich dabei des Verfahrens völlig bewußt.«

»Doch wie kann der Hüter auf der Erde jemandem seine Gedanken eingeben - er sitzt doch dort oben auf dem Berg!«

»Stoker, noch immer glaubst du unerschütterlich: Der Mensch hat nur einen Körper und kann sich nie an verschiedenen Orten gleichzeitig aufhalten. Für die physische Ebene ist das ja im allgemeinen auch richtig (doch sind einige Adepten inkarniert, die selbst solche Begrenzungen überwunden haben). Hier jedenfalls sieht die Sache anders aus.

Zunächst einmal ist auf den Astralebenen die Vorstellung des Ortes, der Position im Raum, ja sogar des »Raumes« selbst nur eine Illusion. Sie wurde geschaffen, damit Individuen dieses Schwingungsbereichs sich hier geborgen fühlen können. Tief in deinem Innern hältst du noch immer an der Vorstellung fest, du könntest ohne Körper nicht existieren. Daher wurde dir ein Astralkörper gegeben, der den physischen Tod überlebt, und ein ›Raum‹, in dem du dich bewegen und ›zu Hause‹ fühlen kannst.

Doch unterliegt der Hüter der Schwelle natürlich keiner solchen Illusion. Er wirkt nach Belieben auf einer der Ebenen oder in einem der ›Universen‹ und manifestiert dazu in der Regel nicht einmal einen Körper. Falls er jedoch für seine Arbeit irgendein Gefährt benötigt, so bildet er es einfach kraft seiner Gedanken.«

»Aber das kannst du doch glaube ich auch, nicht wahr?«

»Ja.«

»Wie? Einfach nur ›ja‹? Sonst sind deine Antworten immer wenigstens dreimal so lang wie meine Fragen.«

»Es fällt mir leichter, von den Errungenschaften anderer zu sprechen als über mich selbst. Wie gesagt, gilt falsche Bescheidenheit auf meiner Ebene als Schwäche, und ich selbst habe sie noch nicht ganz überwunden. Wer vom Rad der Wiedergeburt frei ist, hat lediglich eine höhere Stufe erreicht. Es gibt weitere Lektionen zu lernen, und auch wir müssen uns immer weiter vervollkommnen.«

»Welche Lektionen sind das zum Beispiel?«

»Einen Moment. Auf diese Frage war ich nicht vorbereitet. Ich muß nachdenken, wie ich das am besten erklären kann...«

Stoker fieberte. Er spürte, daß ihm gleich eine wichtige Pforte aufgetan würde. Thorion hatte jetzt die Augen geschlossen und war offenbar in eine Art mentale Kommunikation vertieft, die Stoker aber nicht hören konnte. Thorions Körper wurde immer durchsichtiger und war jetzt beinahe verschwunden... Da schlug der geistige Führer die Augen auf, und sein Körper nahm schnell wieder die gewohnte Erscheinung an. Thorion blickte Stoker intensiv an:

»Ich habe einen meiner Lehrer auf den höheren Ebenen um Rat gefragt. Er schlug vor, es so zu erklären: Alle Schwächen, Sünden, Verbrechen und Unvollkommenheiten beruhen letztlich nur auf einem Fehler: zu glauben, daß irgend etwas außer Gott existiere. Alle Manifestationen, Wesenheiten, Ebenen und Unterebenen sind in Wahrheit nur wie ›Spielsachen‹ des Einen Schöpfers - Masken, mit denen Gott sich liebend gern selbst überrascht. Viele fortgeschrittene Wesen haben sich irgendwann einmal gefragt, wie Gott selbst die Schöpfung sieht. Sie vergessen, daß Gott sie geschaffen hat, damit er die Schöpfung aus *ihrer* Sicht sehen kann. Der Ur-Fehler bestand also darin, daß sich die Einzelwesen von der Illusion der Getrenntheit täuschen ließen, die durch die Schaffung einer unbegrenzten Vielfalt entstanden war. Nun bedenke: Wenn alle geschaffenen Wesenheiten - wie du und ich - lediglich Fragmente der Einen Gottheit sind, dann hat Sich der Schöpfer mit der Vielfalt Selbst überlistet. Und die große kosmische Frage lautet: Warum? Warum ließ Gott Sich von Seiner eigenen Illusion hinters Licht führen? Keine höhere Wesenheit, mit der ich in Verbindung stehe, kann dies wirklich befriedigend beantworten. Und was bewegte die Gottheit im Anfang überhaupt dazu, Sich aufzuteilen? Hier versagt nämlich jede Logik: Wenn alle Wesen das Göttliche in sich tragen, erklärt dann nicht in diesem Gespräch ein Teil Gottes einem anderen Teil Gottes, daß Gott (sie beide) nicht weiß, warum sie (Gott) getrennte Wesenheiten zu sein scheinen, wenn sie es in Wirklichkeit nicht sind? Du siehst das Problem.

Doch sollten wir noch einmal zu einem einfacheren Punkt zurückkehren. Wenn der erste Fehler darin bestand, sich vom Schein der Getrenntheit täuschen zu lassen, so muß dieser Fehler allen nur erdenklichen Übeln zugrunde liegen - und keines hätte sich je zugetragen, wenn eine jede Wesenheit des Göttlichen in sich und allen anderen gewahr wäre.

Welche Lektionen gilt es also zu bewältigen, wenn man einmal vom Rad der Wiedergeburt frei ist? Auch unsere Herausforderungen und Prüfungen müssen letztlich auf dem einen Fehler beruhen, daß wir die Einheit aller Dinge vergessen. Nehmen wir zum Beispiel die falsche Bescheidenheit. Wie gesagt, stellt sie aus unserer Sicht ein ernsteres Problem dar als Prahlerei: Sie ist nicht so offensichtlich und daher schwieriger zu korrigieren. In der falschen Bescheidenheit maskieren sich Stolz und Prahlerei als ein Zug, der jeder Meisterseele eigen ist - daher stellt sie selbst für Eingeweihte eine Versuchung dar. Man kann ihr nur entgehen, indem man sich bewußt macht, daß Individualität und Getrenntheit nur eine Täuschung sind. Hast du erst einmal in deinem tiefsten Innern erkannt, daß dein Sein - wie auch das aller anderen - ein winziger Funke des Einen Schöpfergottes ist, warum solltest du da anderen noch eitel etwas vorspiegeln wollen? Lobt dich jemand für eine gute Tat oder Eigenschaft, so solltest du ihn weder davon abhalten, noch dich an seinen Komplimenten gütlich tun. Bedanke dich, und gib dem Gespräch ohne Aufheben eine weniger persönliche Richtung.«

»Also, eines verstehe ich ja nicht: Du hast selbst noch mit der falschen Bescheidenheit zu kämpfen, wie du sagst. Und nun erklärst du mir im gleichen Atemzug nicht nur, worauf sie beruht, sondern außerdem, wie man sie überwindet. Ich meine, folgst du denn deinem eigenen Rat nicht?«

»In den höheren Schulen haben wir eine Redensart: ›Man lehrt, was man lernen muß‹. Und falsche Bescheidenheit ist für Seelen auf meiner Entwicklungsstufe eine der härtesten Lektionen. Jeder Einweihungsgrad hat seine schwierigste Probe, und sie wird in vielen Fällen als letzte gemeistert, bevor ein Individuum zur nächsthöheren Ebene aufsteigt. Nehmen wir den heutigen Durchschnittsmenschen - also die breite Mehrheit, die an esoterischer Philosophie keinerlei Interesse hat und sich darin erschöpft, irdische Schätze anzuhäufen und zu Ruhm, Macht und persönlichem Genuß zu gelangen. Für solche Menschen sind Haß und Verbitterung die schwierigste Lektion - und praktisch keiner auf eurem Planeten ist völlig frei davon. Diese beiden Irrtümer liefern den Zündstoff für Krieg und Völkermord.

Für die geistig Suchenden der Erde - und damit meinen wir all jene, die das physische Leben als eine Durchgangsstation auf dem Pfad zur Vollkommenheit verstehen - ist der ›Test des Tisches‹ erstaunlicherweise oft der härteste: Es gilt, einfach, mäßig und natürlich zu essen und sich mit schweren Speisen zurückzuhalten. Nicht ohne Grund hat der Schöpfer die Erde mit vielen einfachen, aber hochwertigen Nahrungsmitteln beschenkt. Der physische Körper ist nämlich einem Anker gleich, der die Seele erdet - er verbindet sie mit der irdischen Ebene. Je verschmutzter oder übergewichtiger er ist, desto stärker bindet er ans Irdische. Viele, die ihre Gedanken und Gefühle ständig auf das Geistige richten, werden oft von einer unterbewußten Furcht beherrscht: Sie haben Angst, sie könnten nicht inkarniert bleiben, sollte es ihnen gelingen, abzunehmen oder den Körper von den Giften und Schlacken einer lebenslang falschen Ernährung zu reinigen. Das ist natürlich nicht der Fall. Es ist durchaus möglich, mit allen drei Facetten - dem Körper, den Gefühlen und dem Verstand - in einem Zustand der Reinheit auf der Erde zu leben. Viele östliche Adepten haben dies bewiesen. Ein zu großer Zuspruch zu schweren und fetten Speisen kann den seelischen Fortschritt behindern. Manchmal wird es sogar erforderlich, eine oder mehrere Inkarnationen anzuhängen, um die schädliche Gewohnheit zu überwinden.«

»Und welche Lektionen muß man auf den verschiedenen Astralebenen lernen?«

»Auf welcher Ebene zum Beispiel?«

»Wie steht es mit der untersten - auf der ich angekommen bin?«

»Ah ja. Dieses Thema hatten wir glaube ich bereits angeschnitten. Den meisten Seelen dort fehlt das Mitgefühl. Sie haben noch nicht gelernt, über ihren eigenen Schatten zu springen und anderen zu helfen - daran müssen sie vor allem arbeiten. So waren dir in deinem letzten irdischen Leben Freundlichkeit und Sorge für andere völlig fremd, und du brachtest diese Haltung nach dem Tode mit hinüber. Weißt du noch, wie du nicht selbst auf den Gedanken kamst, Tariq zu tragen?«

Stoker schämte sich - war er doch jetzt viel sensibler und weitblickender als noch bei seiner Ankunft.

»Nein«, erwiderte Thorion mit Nachdruck. »Vergeude nicht einen Augenblick mit Reue und Schuldgefühlen. Du wirst nicht verurteilt oder bestraft werden. Es war eben ein Test, den du nicht bestanden hast. Der inkarnierte Durchschnittsmensch versagt tagtäglich bei mehr als einem Dutzend solcher Tests: Er schreit seine Kinder an, regt sich über andere Autofahrer auf, läßt Büromaterial von der Arbeit mitgehen... die Liste ist endlos. Man sollte solche nicht bestandenen Tests als wertvolle Lernhilfen betrachten. Doch muß man natürlich zuerst einmal erkennen, daß es sich hierbei um Tests handelt - dies ist ein wichtiger Schritt auf dem geistigen Weg. Leider haben die meisten Menschen keine Skrupel, wenn sie andere anlügen, betrügen oder ihnen etwas nachtragen. Das muß sich ändern. Es wird sich ändern. -

Wir werden gleich landen. Am besten versuchst du, dein Bewußtsein von allen Gedanken freizumachen und zu einem reinen Beobachter zu werden. In diesem Zustand wacher Aufnahmebereitschaft wirst du aus der Begegnung mit dem Hüter der Schwelle den größten Nutzen ziehen können.«

»Wie macht man das? Wie wird man zu einem ›reinen Beobachter‹?«

»Denke nicht. Vergleiche nicht. Analysiere nicht. Beurteile nicht. Beobachte!«

Es gab einen leichten Ruck, als der Bus auf die schneebedeckte, schätzungsweise fünfzehn Meter breite Landefläche aufsetzte. Sie befanden sich kaum dreißig Meter unter dem Gipfel. Die Landebahn führte direkt auf eine Höhle zu, deren Eingang in der Mitte etwa drei Meter hoch war. Im Innern brannte ein kleines Feuer, und hinten konnte Stoker eine Gestalt in weißem Gewand erkennen. Rauch stieg aus der Höhle in die klare Luft.

Thorion stand auf, öffnete die Bustür und bedeutete Stoker und Tariq, mit ihm zu gehen. Sie traten ins Freie. Stoker hatte einen Augenblick Bedenken, ob das Verlassen des Busses nicht schmerzhaft für ihn wäre. Seines Gedankens bewußt, schüttelte Thorion den Kopf, wie um zu sagen: »Nur keine Angst. Darum kümmere ich mich.« Als sie auf die Höhle zugingen, erhob sich die Gestalt im Innern und kam ihnen entgegen.

Stoker bemühte sich, mit ungeteilter Aufmerksamkeit zu *beobachten.* Der Einsiedler trug ein Gewand in leuchtendem Weiß mit einer goldenen Schärpe um die Hüften. Die Ärmel waren mit feinen Goldstickereien gefaßt. Es war offensichtlich, daß Thorion diesen Mann als jemanden von großer Wichtigkeit betrachtete. Da schlug der Hüter der Schwelle die Kapuze zurück, und Stoker war verblüfft: Er hatte das Gesicht eines steinalten Weisen erwartet. Stattdessen blickte er in ein faltenloses Gesicht, auf dem der Anflug eines aufgeweckten Lächelns lag. Die Augen sprühten vor jugendlicher Kraft, und das kastanienbraune Haar wallte über seine Schultern.

»Herzlich willkommen.« Des Eremiten Gruß erreichte sie als kraftvolle Welle - das gedankliche Äquivalent einer kräftigen Stimme. Stoker spürte deutlich die Aura ungestümer Energie und Begeisterung, die diese Meisterseele umgab. »Thorion hat mir bereits von euch erzählt«, erklärte der jugendliche Weise. »Mein Schüler tat gut daran, euch zu dieser Reise zu bewegen.«

Bis jetzt hatte Stoker sich am Riemen gerissen und nicht reagiert. Doch bei dem Gedanken, daß dieser jugendliche Eremit der geistige Führer oder Lehrer Thorions war, verlor er die Beherrschung. Er mußte einfach ein paar Fragen stellen.

»Äh, Meister...« Stoker wußte nicht, wie er den Hüter der Schwelle anreden sollte.

»Nenn mich einfach ›Merlin‹«, schmunzelte der Einsiedler, als fände er die ganze Situation urkomisch.

»Merlin!« rief Stoker erstaunt. »Aber das war doch der Zauberer in einer erfundenen Geschichte...«

»Er war ein Zauberer, das ist richtig. Aber wie kommst du eigentlich darauf, daß die Geschichte nur erfunden war? Die Arthus-Sage erzählt von einer wahren Begebenheit - wenn sie sich auch nicht auf der physischen Ebene zugetragen hat. Davon abgesehen, warum sollte ich mich eigentlich nicht Merlin nennen können, oder Zod, oder noch anders? Namen sind nur Hilfsmittel, um die Kommunikation zu erleichtern. Indem ich einen so extravaganten Namen wie ›Merlin‹ wähle, unterstreiche ich doch nur die Bedeutungslosigkeit von Etiketten.«

»Du hast dir den Namen ›Merlin‹ selbst gegeben - dann ist dein richtiger Name also ein anderer?«

»Sieh her, Stoker. Namen sind nichts als eine Sache der Bequemlichkeit. Du selbst hast doch auch in deinen vergangenen Inkarnationen viele verschiedene Namen gehabt. Daran kannst du dich jetzt nicht mehr erinnern, aber das ist auch gar nicht nötig. Miß dem keine Bedeutung bei, wie andere dich nennen. Es zählt, was in deinem Bewußtsein, in deinem Herzen und in deiner Seele ist. Etwas ganz Ähnliches hat Thorion dich über die verschiedenen Körper gelehrt. Eines Tages wirst du erkennen, daß deine unvergängliche Essenz - dein wahres Ich - zu seinem Wirken keinen Körper oder ein Gefährt benötigt. Das gilt auch für die Namen, die andere dir geben. - Thorion sagte, du hättest einige Fragen?« fühlte Merlin vor.

»Wie kann ich Tariq bei seiner Befreiung aus der trostlosen Welt helfen, an die seine Schwingungsrate ihn bindet?« Stoker konnte seine plötzliche Sorge um einen anderen selbst nicht fassen.

»Tariq muß selbst herausfinden, wie er seine Schwingungsrate anheben kann. Du kannst ihm am besten durch dein Beispiel helfen. Auf der Erde ist es zur Zeit genauso: Fortgeschrittenere Seelen können anderen zur Hand gehen, ihnen liebevoll beistehen und sie ermutigen - doch können sie nicht ins Innere einer anderen Seele hineingelangen und die Schwingungsrate ankurbeln. Sorge dich nicht wegen Tariq. Du hast ihm bereits sehr weitergeholfen. Diese Erfahrung soll dir jedoch vor allem dabei helfen, an dir selbst zu arbeiten. Solange du nämlich noch nicht eine Schwingungsrate erreicht hast, die einer der fünf höheren Astralebenen entspricht, ist es dir nur sehr begrenzt möglich, anderen zu helfen. Was gibt es noch?«

Stoker dachte einen Augenblick nach. »Also gut: Ich würde gern wissen, ob es Satan wirklich gibt. Und wenn ja, warum bin ich ihm dann in der Hölle nicht begegnet?«

Merlin und Thorion lachten laut auf. »Stoker«, sandte der jugendliche Einsiedler einen Gedanken, »deine spirituelle Geographie ist korrekturbedürftig. Zunächst einmal entstellen die alten irdischen Geschichten die tatsächlichen Verhältnisse sehr - ich beziehe mich auf den rachsüchtigen Satan in Rotschwarz, der sündige Seelen bis in alle Ewigkeit mit einer Mistgabel malträtiert. Es *gibt* eine Wesenheit, die die Bruderschaft der ›Schwarzen‹ anführt und in etwa der irdischen Vorstellung von Satan entspricht, doch ist ihr Kontakt mit inkarnierten wie nichtinkarnierten menschlichen Seelen äußerst begrenzt. Die Schwarzen bilden eine

Gruppe gefallener Engelwesen. Von einem ursprünglichen Zustand des Glücks und der Harmonie abgefallen, haben sie sich immer tiefer im Materiellen verstrickt. Es gab eine Phase, in der sie eine große Anzahl menschlicher Seelen verführten. Das geschah in einem sehr frühen Abschnitt eurer Erfahrung auf diesem Planeten, und eure Heilige Schrift spielt an einigen Stellen noch dunkel auf den Vorfall an. Infolge der Versuchung litt die menschliche Seelengruppe Tiefen der Abgeschiedenheit von Gott, die so ursprünglich nicht geplant waren. Dadurch verzögerte sich ihre Pilgerfahrt zurück zu der Einen Quelle. Das Karma der schlimmsten unter den Schwarzen wurde für zu schwerwiegend befunden, als daß es noch auf normalem Wege beglichen werden konnte. Daher sperrte man sie in eine Art astrales Spezialgefängnis, aus dem keine Flucht möglich ist. Gelegentlich wird es einzelnen von ihnen gestattet, das Gefängnis zu verlassen, um ganz bestimmte Aufgaben für die Hierarchie zu erledigen. Doch stehen sie während solcher Botengänge unter strenger Aufsicht. Ist soweit alles klar?«

»Dann halten sich die Schwarzen also nicht dort auf, wo ich mich nach dem Tode wiederfand?«

»Nein. Jene finstere Region ist lediglich die unterste der sieben Astralebenen, wie Thorion dir bereits erklärt hat. Ihre Finsternis rührt von den niedrigen Schwingungen und der negativen Einstellung ihrer Bewohner her. Würde allen, die sich dort aufhalten, mit einem Mal ›ein Licht aufgehen‹, so würde tatsächlich Licht in jene Ebene einfluten, und die Schatten würden sich verflüchtigen. Wärt ihr daran interessiert, das Gefängnis der Schwarzen einmal zu sehen?«

Stoker nickte schnell. Tariq hingegen, der den Gedankenaustausch bis dahin ruhig mitverfolgt hatte, erwiderte jetzt: »Ich komme diesem Ort wohl besser nicht zu nahe...«

Thorion und Merlin nickten zustimmend bei dieser intuitiven Entscheidung. Merlin reichte Stoker die Hand, und als der seine ausgestreckten Finger berührte, spürte er plötzlich, wie seine Kleidung wechselte. Er sah an sich hinunter. Statt der Gefängniskleidung trug er jetzt ein Gewand aus schwerem, grauen Wolltuch mit einer nüchternen ledernen Schärpe um die Hüften. Merlins Gewand war jetzt dem seinen gleich. Der jugendliche Eremit erklärte:

»Der Ort, an den wir uns begeben werden, wird dir entsetzlich kalt und finster erscheinen. Der Grund dafür ist die extreme Negativität der Wesenheiten, die dort gefangen sind. Selbst du würdest trotz der Fehltritte deines vergangenen Lebens wie ein Leuchtfeuer bei Nacht neben ihnen erstrahlen. Daher haben wir dir dieses schwere Gewand umgelegt. Es wird dich warm halten und dein Licht sorgfältig verbergen.« - Dann sagte er Thorion zugewandt: »Ich schlage vor, du setzt deine Führung mit Tariq und den anderen fort. Die Übergangsbrücke ist unverändert.«

Thorion und Tariq verabschiedeten sich und gingen zum Bus zurück. Dann sagte Merlin: »Halt dich gut fest. Wir werden auf die gleiche Weise weiterreisen wie bisher - nur ohne den Bus.«

Stoker spürte, wie sein Körper immer leichter wurde. Sie lösten sich vom Boden und schwebten in einer Höhe von etwa anderthalb Metern ruhig auf die Kante des schneebedeckten Feldes zu - dann wurden sie immer schneller. Rasch näherten sie sich dem gähnenden Abgrund. Stoker schluckte und griff Merlins Hand fester.

»Hab keine Angst«, sagte der Einsiedler. »Du bist in Sicherheit.« Sie wurden schneller und schneller. Ein frischer Bergwind blies ihnen ins Gesicht, und Stoker fand dies angenehm. Bald huschten die Bergspitzen nur so vorüber... Wenige Minuten später kamen sie an ein grünes Tal zwischen zwei kleineren Gebirgskämmen. Sie glitten hinunter und folgten dem Tal, das sich zu einer fruchtbaren Ebene weitete. In der Ferne konnte Stoker jetzt einige weiße Gebäude erkennen, die an einen modernen Bürogebäudekomplex auf der Erde erinnerten. Sie waren von gepflegten Blumengärten, Rasenflächen und einigen Baumgruppen umgeben. Es war ein sehr einladender Anblick.

»Da wären wir«, sandte Merlin einen Gedanken.

»Hier sind die Schwarzen eingesperrt?«

Merlin lächelte. »Nun ja, in dem großen Gebäude befindet sich ein Aufzug, der in eine Beobachtungszone hinunterführt. Näher kann ich dich dann nicht mehr an das eigentliche Gefängnis heranführen. Bist du bereit?«

»Was kann schon passieren, solange du bei mir bist?«

»Wie wahr«, schmunzelte Merlin. Sie gingen auf die Eingangstür des größten Gebäudes zu, und Merlin fuhr fort: »Das Gefängnis ist ein dreidimensionaler Bereich in einer astralen Spezialebene, die eigens zu diesem Zweck geschaffen wurde. Die Energie, die die Schwarzen gefangenhält, stellen mehrere machtvolle Engelwesen bereit, die sich nicht an der Versuchung der Menschheit beteiligten. Mit diesem Opfer möchten sie wenigstens teilweise für die Schuld ihrer gefallenen Geschwister sühnen. Menschliche Seelen, die noch im Zyklus der Wiedergeburt gebunden sind, dürfen dem Gefängnis nicht zu nahe kommen, denn der intensive Haß der Schwarzen würde sie vernichten. Daher haben wir diesen besonderen Beobachtungsposten eingerichtet: Er schützt den Beobachter gegen die Negativität und entzieht ihn zugleich den Blicken.«

Die riesige Bronzetür öffnete sich auf einen mentalen Befehl Merlins, und sie betraten das Hauptgebäude. Im Innern angelangt, erklärte der jugendliche Weise den Wächtern der Einrichtung seine Mission. Dann führte er seinen Gast durch einen langen Korridor zu einer grauen Spezialtür, über der auf einer Bronzeplatte eine Inschrift stand. Stoker konnte sich nicht entsinnen, eine solche Schrift schon einmal irgendwo gesehen zu haben.

»Die Engelsprache«, beantwortete Merlin Stokers ungestellte Frage. »Da steht: ›Ein lichtes Herz erschafft, ein finsterer Verstand zerstört‹.«

Die graue Tür öffnete sich mit einem Schwung und gab den Blick auf einen kleinen Raum frei. Er war erleuchtet, doch konnte Stoker nicht ausmachen, woher das Licht eigentlich kam.

»Das Licht strahlt von dem Material dieser Ebene selbst aus«, klärte Merlin ihn auf.

In dem Raum waren drei gepolsterte Stühle aufgereiht, mit Blick auf ein Wandfach aus dunklem glasartigen Material.

»Nimm in der Mitte Platz«, bedeutete ihm Merlin. »Ich werde rechts von dir sitzen.« Sie machten es sich bequem. Dann fuhr der jugendliche Weise fort: »Dieser Raum ist in Wirklichkeit eine Art Aufzug. Er führt von dieser Ebene einen Schacht hinunter zu dem Spezialgefängnis, in dem die schlimmsten der gefallenen Wesenheiten gefangengehalten werden. Der Raum schützt Seelen vor Schwingungseinflüssen aus der Umgebung des Schachtes, und sie brauchen auch den Körper oder die Form, die sie gerade benutzen, nicht zu wechseln. Normalerweise müßten sie nämlich ihr Gefährt demanifestieren und dann bei ihrer Ankunft ein neues bilden. Viel wichtiger jedoch ist noch die Tatsache, daß dieser Aufzug von einem nahtlosen Energiefeld umgeben ist: Es schirmt den Beobachter vollkommen gegen die schwarzen Kräfte der Gefängnisinsassen ab. Das rechteckige Feld vor uns funktioniert wie ein Einwegspiegel: Wir können sie sehen, aber sie nicht uns - solange wir es ihnen nicht gestatten. Bist du bereit?«

Stoker schluckte - dann nickte er. »Also gut. Jetzt oder nie.«

»Das ist die richtige Einstellung!« Langsam setzte sich der Aufzug in Bewegung; dann wurde er schneller und schneller. Stoker griff instinktiv fest auf die Armlehnen. Die natürliche Beleuchtung des Raumes versiegte, während das Feld vor ihnen zu flimmern begann. Es leuchtete immer heller, und Stoker konnte groteske Gesichter erkennen, die sich von außen flüchtig gegen die Scheibe preßten und sie spöttisch anblickten.

»Elementargeister«, bemerkte Merlin. »Schenke ihnen keine Beachtung.«

»Was sind Elementargeister?«

»Böswillige Witzbolde, um es auf den Punkt zu bringen. Doch sie sind völlig machtlos. Einige von ihnen dringen gelegentlich zur physischen Ebene vor und versuchen, ganz oder teilweise Hellsichtigen einen Schrecken einzujagen. Doch braucht man sich ihretwegen keine Sorgen zu machen. Sie haben die Gabe der Permanenz nicht.«

»?«

»Die ›Gabe der Permanenz‹ ist keine Gabe im eigentlichen Sinne, sondern vielmehr ein Seinszustand. ›Permanente‹ Wesenheiten sind ausreichend integriert und haben genügend inneren Zusammenhalt, um auch ohne Körper oder Gefährt als Einzelwesen existieren zu können. Alle Menschen und die meisten Landtiere fallen in diese Kategorie. Eine Wesenheit, die einmal permanent war, diese Eigenschaft jedoch wieder einbüßt, zerfällt ganz einfach, wenn ihre Seelensubstanz zur Reinigung in eine Art Schmelztiegel gesogen wird. Die gereinigte Essenz wird dann wieder in die verschiedenen Erfahrungsebenen projiziert. Doch bleibt von der Individualität - den Eigenheiten und persönlichen Zügen einer Wesenheit - dabei nichts übrig. Die gereinigte Essenz beginnt noch einmal ganz von vorne, und keine der früheren Lernerfahrungen wird ihr von dem geringsten Nutzen sein.«

»Dann waren diese Elementargeister also einmal Menschen? Oder Tiere?«

»Einige schon, die meisten aber nicht. In der Regel werden Elementargeister durch den Mißbrauch von Gedankenenergie gebildet - von inkarnierten Seelen, die nicht wissen, was sie da tun. Wenn man zum Beispiel in helle Wut ausbricht, so kann man dadurch eines oder mehrere dieser erbärmlichen Geschöpfe erzeugen. Ihr Zerfallen verdient unser Mitleid nicht. Sie wären ohnehin keiner abgestimmten Reihe von Erfahrungen unterzogen worden, um etwas zu lernen und sich zu entwickeln.«

Inzwischen war es in dem Aufzug stockfinster. Nur die flimmernden Bilder an der Scheibe waren noch zu sehen. »Wie lange dauert die Fahrt?« fragte Stoker.

»Wir sind fast da. Ach ja - ich hätte dich vorwarnen sollen: Diese Burschen schneiden mitunter recht abscheuliche Fratzen. Wenn sie glauben, daß ich allein hier unten bin, werden sie sich die Mühe sparen. Sie wissen, daß ich allenfalls über sie lachen würde. Doch könnten sie es bei dir versuchen, wenn sie ahnen, daß du hier bist. Darum ignoriere nach Möglichkeit, was immer sie an Bildern projizieren mögen. Es sind alles nur Tricks.«

Der Aufzug verlangsamte jetzt die Fahrt - dann hielt er an. Stoker starrte auf das Feld vor ihnen, durch das sie ein schwaches, leicht orangenes Licht erreichte. »Wo sind sie?« fragte er in Gedanken.

»Einen Augenblick. Wir befinden uns am Ende eines langen Tunnels, der zum eigentlichen Gefängnis führt. Sie haben in diesem Tunnel auf halbem Wege einen Beobachtungsposten stationiert. Er stellt sich hier ein, wann immer der Aufzug unten ankommt.«

»Stoker starrte angestrengt durch die Scheibe, und mit Mühe konnte er die Umrisse eines Tunnels ausmachen. Der schien ganz leer... Plötzlich zerriß ein heulender Schrei die Stille. Stoker fuhr zusammen. Es klang eher wie von einem Tier als von einem Menschen. Da erschien ein riesiges Paar Augen - doch kein Gesicht! Ihr Blick durchbohrte den Aufzug.

»Schenk dem Theater keine Beachtung«, schickte Merlin einen Gedanken. »Er kann uns nicht sehen, noch unsere Gedanken mithören. Allein die gesprochene Sprache dringt zu ihm hindurch. Sei mucksmäuschenstill!« Merlin räusperte sich und sagte dann laut: »Bist du's, Pin? Spar dir die Mühe, ich bin's nur.«

Die riesigen Augen verschwanden, und stattdessen zeigte sich in schwarze Lumpen gekleidet ein buckliges Männlein. Es war barfuß, und seine langen, dürren Arme baumelten schlaff von den Schultern. Am auffälligsten aber war das Gesicht - oder vielmehr die Tatsache, daß die Gestalt kein Gesicht zu haben schien. Stoker starrte das Menschlein mehrere Sekunden lang an, bevor ihm bewußt wurde, daß dort überhaupt ein Gesicht war. Es schluckte jeden Lichtschimmer, und statt der gewöhnlichen Züge war dort nur der schwärzeste Schatten. Stoker stellte Merlin eine mentale Frage wegen dieser merkwürdigen Erscheinung. »Frag mich später«, gab der schnell zurück; dann sagte er laut: »Pin, wir brauchen einen Freiwilligen. Es geht ums Übliche: Bei einer Schießerei müssen die Kugeln gelenkt werden. Doch möchten wir mit Nummer Eins sprechen. Hol ihn.«

»Nein.« Die Stimme klang rauh und brüchig.

»Pin, hör zu - dies ist eine Gelegenheit für einen von euch, etwas rauszukommen. Nummer Eins wird nicht gerade erfreut sein, wenn er erfährt, daß du ihm dieses Angebot nicht bringen wolltest.«

»Ist ja schon gut«, sagte die krächzende Stimme. »Ich werd' ihn holen.« Pin humpelte davon.

Stoker machte aus seinem Erstaunen keinen Hehl. Er hatte viele Fragen, doch noch bevor er sie formulieren konnte, begann Merlin zu erklären: »Als erstes - die Tatsache, daß Pin kein Gesicht hat: In diesem Reich spiegelt der Körper ziemlich genau die Vergangenheit der innewohnenden Wesenheit wieder. Pin war eine Schlüsselfigur bei jenem Schlag gegen die Menschheit, der vor langer Zeit zu seiner Einsperrung führte. Viel Leid hat er unter die Menschen getragen. Er brachte unter anderem einen genetischen Fehler in den menschlichen Gen-Pool ein, der zu einer Entstellung der Gesichtszüge vor allem bei Frauen führte. Daher rührt der schwarze Schatten, den er wie eine Maske im Gesicht trägt.

Nun zu den Kugeln. Ich fürchte, daß du für diese Idee noch nicht bereit bist, aber du warst im Begriff, mich deswegen zu fragen, daher will ich dir die Antwort nicht schuldig bleiben: Die meisten Menschen haben während ihrer langen Reihe von Inkarnationen auch fürchterliches Unrecht begangen - einschließlich Mord. Viele haben ihr Karma abgetragen, doch trägt eine große Zahl noch immer die Last solcher Taten mit sich. Es ist unsere Aufgabe - ich meine, die Aufgabe der geistigen Hierarchie - solchen Seelen zu helfen, indem wir den Ausgleich ihres Karmas auf möglichst produktive Weise arrangieren. Natürlich muß ein Mensch mit Mordkarma nicht immer auf die gleiche Weise zu Tode kommen wie sein Opfer; doch ist diese Methode weit verbreitet, besonders bei eurer gegenwärtigen Zivilisation mit ihrer Vorliebe für Krieg und Gewalt.

Viele Seelen haben noch eine große Menge an Mordkarma abzutragen, und ihre Schwingungsrate ist zu niedrig, als daß sie sich dazu veranlaßt sähen, eine solche Schuld freiwillig auf andere Weise zu begleichen. (Dies könnte zum Beispiel geschehen, indem man sich uneigennützig für das Wohl anderer einsetzt.) Für solche Seelen wird in der Regel die Inkarnation in ein durch Krieg zerrissenes Land arrangiert, in welchem die Wahrscheinlichkeit eines gewaltsamen Todes groß ist. Wenn nämlich allen in einer bestimmten Region eine ähnliche Last anhaftet - sowohl unter der Zivilbevölkerung als auch unter den Soldaten -, dann braucht die Hierarchie ihre Energien nicht zum Schutze derer aufzubringen, die einen gewaltsamen Tod nicht nötig haben. Die Kugeln können ihre natürlichen Flugbahnen nehmen, und das Ergebnis darf getrost dem ›Zufall‹ überlassen bleiben. Wir wissen dann nämlich, daß es in jedem Fall mehr Karma auszugleichen gibt, als durch den gewaltsamen Tod abgetragen werden kann.

In anderen Kriegssituationen hingegen (besonders in den beiden Weltkriegen) sind viele der Beteiligten von Mordkarma frei, und es besteht keinerlei Notwendigkeit für sie, auf dem Schlachtfeld oder den Straßen einer umkämpften Stadt zu sterben. In solchen Fällen hat die Hierarchie alle Hände voll zu tun, damit die Kugeln niemanden treffen, der die Erfahrung nicht benötigt. Allerdings benutzen wir in der Regel nicht unsere eigenen Energien, um die Kugeln zu lenken. Wir überlassen die Aufgabe stattdessen den Schwarzen. Da bestimmte Individuen getroffen werden sollen, andere aber nicht, sind die Schwarzen normalerweise durchaus gewillt, ihren Teil zu übernehmen. Ihnen macht dabei das Töten Spaß.«

»Aber wie könnt ihr sicher sein, daß sie sich an die Abmachungen halten, wenn sie erst einmal frei sind?« fragte Stoker.

»Aus Erfahrung wissen sie, daß sie genau tun müssen, was wir ihnen auftragen. Andernfalls bekommen sie es mit den Wachen des Gefängnisses zu tun. Außerdem würden sie nie wieder eine Gelegenheit erhalten, das Gefängnis zu verlassen - wie kurz es auch sein mag -, wenn sie unsere Anweisungen nicht befolgen.«

»Ihr überlistet sie also dazu, euch zu helfen - und benutzt ihre Energien, um eure eigenen zu bewahren.«

»Darauf läuft es im Prinzip hinaus.«

»Doch was hat es mit der Schießerei auf sich, die du Pin gegenüber erwähntest?«

»Ah ja. Auch das wird dir ganz unglaublich erscheinen. Selbst in fortgeschritteneren Ländern wie Kanada und den Vereinigten Staaten gibt es einige Individuen, denen noch unausgeglichenes Mordkarma anhaftet. Wird es nun äußerst unwahrscheinlich, daß diese Menschen ihr Mordkarma freiwillig auf andere Weise abtragen als durch den eigenen Tod, so werden ihre geistigen Führer sie für die Erfahrung sammeln. Das ist die wahre Ursache fast aller Bus-, Zug- und Flugzeugunglücke. Bei solchen Tragödien wird der Fahrer oder Pilot im entscheidenden Augenblick von einem der Schwarzen »übernommen«, der seinerseits unter unserer Aufsicht steht. Ein anderes Beispiel ist der Amokläufer, der mit einer Schußwaffe unter die Menschen geht und das Feuer eröffnet. Sein Körper wird dabei vollständig von den Schwarzen kontrolliert. Sie sorgen dafür, daß die Kugeln nur den treffen, der die Erfahrung aus karmischen Gründen benötigt. Es gibt ein Zeichen dafür, ob ein Massenmord in diese Kategorie fällt: Der Mörder richtet die Waffe zum Schluß gegen sich selbst. Danach kehrt der Schwarze sofort ins Gefängnis zurück. - Diese Art von Aufgabe ist es, für die wir jetzt einen Freiwilligen brauchen.«

Die schwache Erleuchtung des Tunnels nahm noch weiter ab, und Stoker spürte, wie sich das Schwingungsumfeld veränderte. Er befragte Merlin wegen dieser neuen Empfindung; der antwortete schnell mit einem Gedanken:

»Die Wesenheit, die jetzt auf uns zukommt, ›strahlt‹ Finsternis aus - ganz so, wie dein geistiger Führer Thorion Licht ausstrahlt. Sie ›schluckt‹ tatsächlich das schwache Licht, das wir für den Verbindungstunnel bereitgestellt haben.« Stoker spähte angestrengt in die Finsternis. Er konnte weder eine Form noch eine Bewegung erkennen... Da plötzlich durchbrach ein markerschütterndes Geheul die Stille, und auf allen Vieren stampfte ein riesiger, stark behaarter Affe auf sie zu. Stoker schreckte zurück, als das Biest die Scheibe hochschoß. Merlin griff fest auf Stokers Arm. »Gib keinen Laut von dir!« schickte er einen Gedanken. Das Untier stieß gellende Schreie aus, und in einem Anfall von Raserei senkte es seine Riesenfäuste krachend in die Scheibe, immer öfter, immer heftiger... Nach etwa einer Minute hielt es inne und zog sich gut einen halben Meter von dem Wandfach zurück.

Merlin nahm einen kräftigen Atemzug. »Ich dachte, du bevorzugst das Dinosaurier-Outfit«, sagte er laut und lachte vor sich hin. »Warum diesmal ein Gorilla?«

»Bist du allein, Merlin?« dröhnte eine tiefe Stimme. In dem Korridor war es jetzt stockfinster, und Stoker konnte weder von Merlin noch von dem Tier eine Spur erkennen.

»Ich bin nie allein, weil ER in mir wohnt.«

Ein Anfall von Fluch und Blasphemie war die Antwort. Stoker griff Merlins Hand fester. Der verkürzte die Schmähungen in beherrschtem Ton: »Mach dir nichts aus diesem Unfug! Ich habe eine Aufgabe für einen von euch - draußen. Unter den gewohnten Bedingungen, versteht sich.«

»Worum geht es?«

»Zwei ehemalige Naziwachen von Auschwitz haben sich als Brüder in eine Familie inkarniert, in der sich der Vater mit einer Flinte das Leben nehmen will. Eine der Wachen, jetzt der ältere Bruder, fand Gefallen daran, die Gefangenen zu foltern. Er erwürgte eigenhändig zwei Kinder und trägt natürlich das Karma dafür. Die andere Wache hat niemanden mißhandelt. Sie ging sogar ein außerordentliches Risiko für sich selbst ein, indem sie Lebensmittel zu den Gefangenen schmuggelte und mehreren Familien zur Flucht durch die Kanalisation verhalf. Einer von euch soll die Kontrolle über den Vater übernehmen, wenn er im Begriff ist, sich das Leben zu nehmen. Dem jüngeren Bruder darf nichts zustoßen, doch der ältere muß mit dem Vater in den Tod gehen. Wir werden euch nähere Einzelheiten geben, wenn ihr entschieden habt, wer die Sache übernehmen soll.«

Das Tier grunzte. »Für wann ist es?«

»Der genaue Zeitpunkt steht noch nicht fest, aber wir haben wenigstens drei Erdentage Zeit.«

»Komm einen Tag vorher wieder.«

»Abgemacht.«

* * * * * * *

Auf den vorangegangenen Seiten haben wir verschiedene Aspekte des Lebens nach dem Tode beleuchtet, damit der Leser auf alle Fälle auf diese Erfahrung vorbereitet ist. Für viele wird sie natürlich bei weitem angenehmer ausfallen als für Stoker, denn sie werden sich unmittelbar auf einer der fünf höheren Ebenen wiederfinden. Die unteren Ebenen sind keine Aufenthaltsorte für Menschen mit dem typischen Lebensmuster westlicher Demokratien, wo der Durchschnittsmensch gelernt hat, wenigstens einen anderen Menschen zu lieben und zu ehren, bei der Versorgung und Erziehung der Kinder seinen Teil zu übernehmen und andere mit Freundlichkeit und Achtung zu behandeln.

Leider gibt es in vielen der weniger privilegierten Länder Millionen von Seelen, die trotz der unschätzbaren Gelegenheit zu einem Leben auf dem Planeten Erde sich nicht dazu durchringen konnten, den höheren Pfad der Liebe, der Freundlichkeit und der Sorge für andere zu gehen. Diese Nachzügler haben sich in ihrem Haß und ihrer Verbitterung verrannt. Wenn sie die Schwelle des Todes überschreiten, wird ihre niedrige Schwingungsrate sie in die Finsternis des unteren Astralreiches herabziehen. Dies soll nicht als Drohung mißverstanden werden - wir wollen hier auf Umstände hinweisen, die der einzelne durch den Gebrauch seines freien Willens wählt. Jetzt wird auch deutlich, warum wir uns so ausgiebig mit den Erfahrungen eines uneinsichtigen Mörders in den ersten Phasen nach dem Tode befaßt haben. Die chaotischen Bedingungen, die in Kürze auf diesem Planeten um sich greifen werden, könnten einer großen Anzahl ähnlich verfinsterter Seelen den Tod bringen. Daher wollten wir mit einem Ratgeber vorsorgen: Er soll das allgemeine Umfeld veranschaulichen, in dem sich niedrigschwingende Seelen mit großer Wahrscheinlichkeit wiederfinden werden. Hoffentlich werden wenigstens einige von ihnen mit dem hier dargebotenen Gedankengut vertraut sein und nach Wegen suchen, sich aus dem selbstgebauten Gefängnis zu befreien.

Viel bedrückender noch ist die große Anzahl inkarnierter Seelen, die auf der Schwingungsskala sogar noch tiefer stehen als Stoker. Diese unerleuchteten Geschöpfe wird es zwangsläufig zu noch hoffnungsloseren Unterebenen herabziehen als den beschriebenen. In jenen Reichen des Elends und der Verzweiflung sind die geistigen Führer und Helfer in ihrem Tun sehr eingeschränkt. Einige Regionen sind von solchem Grauen erfüllt, daß dort keine Helfer eingelassen werden. Die Seelen dort durchleben schlichtweg wieder und wieder ihr niederträchtiges Tun und die Laster ihrer physischen Inkarnationen.

Wir hoffen, mit diesem Buch wenigstens einigen der ins Hintertreffen geratenen Seelen die Augen öffnen zu können, denn die »Zeit der Bedrängnis« wirft bereits ihre Schatten auf diesem Planeten. Es ist inzwischen ziemlich sicher, daß Katastrophen gewaltigen Ausmaßes stattfinden müssen, um diesen wunderschönen blauen Planeten zu reinigen. Wie ein düsterer Brei umgeben Unrecht und Niederträchtigkeit den Garten, den Gott dem Menschen geschenkt hat.

Wir möchten abschließend noch einige wichtige Punkte ansprechen, und einer davon betrifft die Weltordnung des einundzwanzigsten Jahrhunderts. In den westlichen Demokratien vernimmt man aus offiziellen Kreisen, daß mit dem Untergang der Sowjetunion den Vereinigten Staaten automatisch die Rolle einer Weltpolizei zufiele. Mit ihrer wirtschaftlichen und militärischen Schlagkraft würden sie andere Staaten gefügig machen, regionale Konflikte zu beenden und anderes mehr.

Nichts dergleichen wird geschehen! Es ist wohl wahr, daß die Sowjetunion selbst aufgelöst wurde, und daß ein ähnliches Schicksal auch alle anderen Staaten und Staatengemeinschaften erwartet, die ihrer gefangenen Bevölkerung einen atheistischen Glauben aufzwingen. Es ist ebenfalls wahr, daß der Rückzug des »Kommunismus« die Vereinigten Staaten allein als Supermacht auf dem Schlachtfeld zurückgelassen hat. Doch gibt es einige Tatsachen, die die Weltsituation nach dem Zerfall der Sowjetunion in ein anderes Licht rücken. Erstens gibt es zahlreiche Staaten unterschiedlicher Größe, die entweder bereits Atomwaffen besitzen oder sie bald erlangen werden. Zweitens werden die Staats- und Regierungschefs einiger dieser Länder allein von Haß und egoistischen Motiven getrieben und operieren zugleich ohne die Sicherheitsvorkehrungen und Machtverhältnisse, die dem Entfesseln eines Atomkrieges durch die westlichen Demokratien in den vergangenen Jahrzehnten entgegengewirkt haben. Sollte sich diese Tendenz bis ins nächste Jahrhundert hinein fortsetzen, so würde die Menschheit durch immer neue Krisen und Kriege zerrüttet und wäre niemals vom Risiko der Vernichtung durch eigene Hand frei.

Solche Bedingungen dürfen nicht fortbestehen. Krieg und Blutvergießen sollen nicht der Menschen Zukunft sein. Wenn die Menschheit bis zum Ende dieses zweiten Jahrtausends nicht aus sich selbst heraus zu gewaltfreien Wegen zurückgefunden hat, wird sie Schritt für Schritt von außen unter Druck gesetzt werden müssen, um diese Lektion zu lernen. So wurde es bereits vor vielen Jahrhunderten beschlossen. Leider herrschen Niederträchtigkeit, Grausamkeit und Egoismus in solcher Fülle unter der gegenwärtigen Erdbevölkerung, daß die erforderliche Reinigung nur durch das Entfernen beinahe der gesamten Erdbevölkerung erreichbar scheint, durch den Tod von Milliarden, um dann von neuem zu beginnen.

Und doch ist es noch nicht zu spät, dieses Wunder aus dem Innern der menschlichen Seelengruppe selbst zu wirken! Die Menschheit hat einen freien Willen, und mehr als einmal entkam sie einer scheinbar aussichtslosen Lage. Daher wurde beschlossen, die Erdbevölkerung nur schrittweise unter Druck zu setzen und ihr gleichzeitig eine Erklärung für die Weltsituation zu geben. Die Bedrängnis wurde zur Zeit Christi zum ersten Mal prophezeit, und ihre Ursachen wurden erklärt. Seither war sie der Gegenstand zahlreicher heiliger Schriften, psychischer Durchgaben und Weissagungen. *Wir hoffen aufrichtig, daß die Menschheit in der verbleibenden Zeit bis zum Jahre 2000 den Schlüssel zu ihrer Rettung finden wird. Hoffentlich wird es nicht nötig sein, die Fortgeschritteneren von der Oberfläche des Planeten zu nehmen und den Rest mit allem, was von der gegenwärtigen Zivilisation dann noch übrig ist, zu vernichten.*

Die Menschheit könnte durchaus noch rechtzeitig die inneren Reserven finden, um diese Aufgabe zu bewältigen. Doch ist die Wahrscheinlichkeit eines solchen Wandels von innen - wie sie von unseren Prognoseinstrumenten zum Zeitpunkt dieser Mitteilung angezeigt wird - nicht gerade ermutigend. Die Bemühungen der geistig Suchenden auf diesem Planeten haben dazu geführt, daß die härtesten Schläge gegen die Menschheit bis zu den letzten Jahren des zwanzigsten Jahrhunderts aufgeschoben wurden; und die Not besonders in der sogenannten Dritten Welt wurde gemildert. Doch hat noch nicht jener tiefgreifende Wandel im Bewußtsein der Menschheit stattgefunden, der allein die Vernichtung der gegenwärtigen Zivilisation noch abwenden könnte. Noch hat sich die Menschheit als Ganzes nicht nach innen gekehrt.

Wir haben darauf hingewiesen, daß die Menschheit nicht schlagartig, sondern nur schrittweise unter Druck gesetzt werden soll. Es läßt sich nämlich nicht genau vorhersagen, wie die Menschheit von ihrem freien Willen Gebrauch machen wird, und die Zahl der Todesfälle soll natürlich möglichst gering gehalten werden. Während die Katastrophe immer größere Ausmaße annimmt, wird sich die Menschheit im letzten Augenblick noch vereint für den Fortschritt und Aufstieg zum Licht entscheiden können, bevor es für die Rettung zu spät ist.

Wir sind weiter oben und in anderen unserer Schriften bereits darauf eingegangen, zu welcher Art von Ereignissen es während der Zeit der Bedrängnis kommen kann, doch scheint eine kurze Zusammenfassung hier an dieser Stelle.

Katastrophen irdischen Ursprungs

Die Erdbevölkerung wird den Folgen ihrer Ausbeutung des Naturreiches ins Auge blicken müssen. Die Umweltverschmutzung, der exzessive Rohstoffabbau, die Zerstörung des tropischen Regenwaldes - all dies hat die natürlichen Zyklen aus dem Gleichgewicht gebracht. Die Natur wird ihre Kräfte entfesseln in dem Bestreben, ihre Ordnung wiederherzustellen.

Zunächst wird die Naturkrise schwere Stürme auslösen, die im Handumdrehen ganze Waldstriche dem Erdboden gleichmachen. Die Zerstörung wird zunächst auf wenig bevölkerte Gegenden beschränkt bleiben. Wenn jedoch die Menschheit die Zeichen nicht richtig liest und die Natur weiterhin mißbraucht, wird die Verwüstung durch Wind mehrere der großen Städte Nordamerikas treffen.

Sollten diese Zeichen nicht zu einem weitreichenden Wandel im Bewußtsein der Menschheit führen, so wird die nächste Phase die Ozeane und Weltmeere mit einschließen. Die Wassermassen würden durch anhaltende Orkane zu riesigen Wellenbergen aufgetürmt. Die Brandung der winderzeugten Meereswellen und durch Seebeben hervorgerufene Flutwellen (Tsunamis) würden die vernichtende Kraft des Wassers weit ins Landesinnere tragen. Die Menschen würden viele tiefliegende Gebiete wegen wiederholter Überschwemmung und Verwüstung verlassen.

Falls auch das Toben der Meere nicht einem großen Teil der überlebenden Bevölkerung die Augen öffnet und sie zu Schritten in Richtung menschlicher Eintracht veranlaßt, würde die letzte Stufe der Katastrophen irdischen Ursprungs eingeleitet: Eine Welle von Erdbeben und Vulkanausbrüchen würde das Sinken großer Teile der amerikanischen und europäischen Landmasse begleiten.
Diese Naturereignisse, die die Menschheit von außen unter Druck setzen werden, folgen der natürlichen Reihe Luft - Wasser - Land. Wie mancher Leser sich erinnern wird, entspricht in dem alten System der Elemente die Luft dem Mentalreich, das Wasser der emotionalen Sphäre und das Land (oder die »Erde«) dem physischen Erfahrungsbereich.

Katastrophen außerirdischen Ursprungs

Die Bedrängnis wird immer weitere Kreise ziehen. Sie soll die Menschheit dazu veranlassen, den alten Rivalitäten und dem Mißtrauen den Rücken zu kehren und sich mit Herz und Hand zum Aufbau einer Welt frei von Zwietracht zu vereinigen. Falls das irdische Stadium darin erfolglos bleibt, wird ein außerirdisches eingeleitet werden (möglicherweise parallel mit den letzten Zügen des irdischen Stadiums). Auch hierbei würde es eine Luft-, eine Wasser- und eine Landphase geben - nur daß die Phänomene ihren Ursprung jetzt außerhalb des Planeten nähmen. Die Erde würde ein oder mehrere Male einen um die Sonne kreisenden Meteoritenschwarm durchqueren, der aus gasförmigen Stoffen und Myriaden fester Körper in der Größenordnung von einigen Millimetern bis zu mehreren Kilometern bestünde. Wir sind bereits teilweise auf die Konsequenzen eines solchen Ereignisses eingegangen, nämlich auf die möglichen Folgen der Kollision mit einem relativ großen Asteroiden. Doch haben wir noch nicht erwähnt, daß einem solchen Schicksalsschlag wahrscheinlich andere Phänomene vorausgingen in der Hoffnung, daß die Menschheit sich rechtzeitig besinnen und in universaler Bruderschaft vereinigen wird. Dann bräuchte es nicht bis zum Einschlag eines großen Asteroiden zu kommen.

Die Luftphase wäre durch verschiedene Phänomene am Himmel gekennzeichnet, wenn die äußeren Schichten der Atmosphäre mit den gasförmigen Stoffen des kreisenden Meteoritenschwarms in Berührung kämen. Chemische Reaktionen in diesen Höhen ließen gewaltige Licht- und Flammenmeere am Himmel entstehen, die bei Tage sichtbar wären und selbst den Nachthimmel so sehr erhellen würden, daß man bequem ein Buch dabei lesen könnte. Andere Reaktionen würden giftige oder übelriechende Dämpfe erzeugen, die zur Erdoberfläche herabsänken. Sie würden die verbleibende Erdbevölkerung vergiften beziehungsweise verunsichern.

Hätten diese beängstigenden Zeichen nicht den gewünschten Effekt, so würde die Wasserphase eingeleitet werden. Millionen flammender Feuerkugeln würden auf die Ozeane und Weltmeere niedergehen, wenn die Erde in einen anderen Abschnitt des Meteoritenschwarms eintaucht. Die Feuerkugeln beruhten auf mittelgroßen Meteoriten von bis zu etwa 1,50 m Durchmesser und ihren Gaswolken. Die größeren von ihnen würden tatsächlich auf der Wasseroberfläche auftreffen, während die kleineren in der Atmosphäre verglühten. Die oberen Wasserschichten würden dabei für die meisten Wasserlebewesen unbewohnbar werden, und die Fischereiindustrie käme praktisch zum Stillstand. Verzweifelt würde sich die Menschheit nach anderen preiswerten Nahrungsmitteln mit hohem Proteingehalt umsehen.

Falls die Wasserphase des außerirdischen Stadiums die Menschheit noch immer nicht zu den erhofften Veränderungen bewegt, wird die Landphase eingeleitet werden: Ein großer Asteroid wird den Planeten treffen. In Übereinstimmung mit der Luft-Wasser-Erde-Analogie mag der Leser den Einschlag nun auf dem Festland vermuten. Da jedoch ein solcher Himmelskörper eine Geschwindigkeit von wenigstens zehn Kilometern pro Sekunde hätte, bestünde für ihn praktisch kein Unterschied zwischen der Wasseroberfläche und festem Granit. Die Auswirkungen eines Einschlags auf dem Wasser wären annähernd die gleichen wie die eines Einschlags auf dem Lande: Der Asteroid würde augenblicklich verdampfen in einer Explosion, die mehrere hundert Male heftiger wäre als die stärkste je auf der Erde detonierte Atombombe. Eine gewaltige elektromagnetische Welle würde die Telefon-, Radio- und Fernsehkommunikation restlos stillegen. Die Druckwelle der Explosion wäre kraftvoll genug, um alle Bäume und Gebäude im Umkreis von mehreren hundert Kilometern dem Erdboden gleichzumachen. Außerdem würden Millionen Tonnen von Trümmern und Wasserdampf in die Atmosphäre geschleudert. Der bedeutendste »Land«-Effekt wäre aber eine gigantische Schockwelle in der Erdkruste. Die Erschütterung würde sich vom Einschlagpunkt in alle Richtungen rund um den Erdball fortsetzen und die Erdkruste in krampfartige Schwingungen mit einer Amplitude von bis zu fünf Metern versetzen. Eine beispiellose Serie von Erdbeben und vulkanischer Aktivität (weit schlimmer als im ersten Stadium) würde tatsächlich jedes Gebäude der bebenden Erde gleichmachen.

Katastrophen übernatürlichen Ursprungs

Der Einschlag eines großen Asteroiden auf der Erde würde wahrscheinlich jeden Rest menschlicher Zivilisation vernichten, der die Zeit der Bedrängnis bis zu diesem Punkt überstanden hat. Daher wird ein solches Ereignis solange hinausgezögert werden, bis keine andere Wahl mehr bleibt. In den letzten zwölf Monaten vor jener endgültigen Entscheidung würden sich eine Anzahl übernatürlicher Phänomene ereignen. Trotz der »Erklärungen« der Wissenschaftler und dem organisierten Spott der Medien wüßte die Mehrheit der verbliebenen Erdbevölkerung tief im Innern, daß es sich um *übernatürliche* Erscheinungen handelt, und daß sie die Menschheit am Rande des Abgrundes warnen sollen. Alles wird dann davon abhängen, ob dieses Wissen die Menschheit wachrüttelt, einen großen Sprung vom Fische- ins Wassermannzeitalter zu tun: Werden die Menschen die alten Ängste, den Haß und das Mißtrauen zurücklassen? Werden sie in diesem letzten Moment zu neuer Eintracht, Liebe und Fürsorge füreinander finden?

Es ist uns nicht gestattet, eine detaillierte Beschreibung der geplanten übernatürlichen Erscheinungen zu geben. Doch wird der Leser vorgewarnt sein. Wer »Augen hat zu sehen«, der wird verstehen, wenn die Ereignisse ihren Lauf nehmen.

Ein letztes Wort sei noch gesagt zu dem enormen Verlust an menschlichem Leben, der diese Kette von Ereignissen gegebenenfalls begleiten würde. Andere mediale Kanäle machen mehr Hoffnung. Sie drängen die geistig Suchenden zu größeren Anstrengungen und stellen eine Begnadigung von der Katastrophe in Aussicht, falls nur eine ausreichend große Anzahl von Menschen zur Wahrheit erwacht. Eine solche Begnadigung ist tatsächlich noch möglich, und wir loben solche Bemühungen. Doch ist es spät geworden. Die gewährte Frist, innerhalb der mehr als eine Milliarde unwissender Seelen noch vor dem Tode gerettet werden können, ist beinahe abgelaufen. Daher möchten wir den spirituellen Suchern ans Herz legen, sich von den unmäßigen Todeszahlen nicht lähmen zu lassen - sollte ein Entfesseln des Sturmes in seiner ganzen Wucht nötig werden. Vergeßt nicht, daß der Tod nur eine Schwelle ist, die alle Erdgeborenen eines Tages überschreiten müssen. Außerdem ist es eine Tatsache, daß viele im Augenblick des Todes geistig größere Fortschritte machen als während des gesamten Lebens. Wir raten daher allen Lesern eindringlich, für die kommenden Ereignisse eine erhabene Perspektive zu wählen: Es handelt sich lediglich um die Geburtswehen eines neuen Zeitalters. Damit das Wassermannzeitalter alles Gute und Schöne im Menschen zu voller Blüte entfalten kann, muß zunächst das Denken der Menschheit für immer von den Irrtümern der vergangenen zweitausend Jahre befreit werden. Leider legt das Zeitgeschehen auf der Erde nahe, daß allenfalls eine weltumspannende Katastrophe dies zu erreichen vermag.

* * * * * * *

Vor dem Abschluß dieses Buches haben wir noch eine letzte Aufgabe zu erfüllen. Wir möchten dem Leser eine Schlußbotschaft überbringen, während dieser wunderschöne blaue Planet seinem Schicksal entgegenjagt. Die Botschaft wird in vereinfachter Form eine Erklärung für die Katastrophen der heutigen Zeit geben und kann vervielfältigt und als in sich abgeschlossene Mitteilung an andere weitergegeben werden. Wir möchten damit eine ganz bestimmte Gruppe von Menschen ansprechen, die wir die »unbewußt Suchenden« nennen wollen. Wie dem Leser bewußt sein wird, gibt es eine große Anzahl von Menschen, die gut, aufrichtig und hilfsbereit sind, sich jedoch niemals dazu veranlaßt sahen, die tieferen Seiten des geistigen Lebens zu erforschen. Einige von ihnen wurden im Rahmen einer bestimmten Religion dazu erzogen, Gottes Gericht zu fürchten und andere Religionsgemeinschaften und Glaubensrichtungen als irregeleitet zu betrachten. Andere wiederum, durch die Widersprüche bei ihrer frühen Begegnung mit der einen oder anderen Religion in Zweifel gestürzt, haben zum Atheismus Zuflucht genommen. Wieder andere haben mit Entsetzen die Leiden der Menschheit mitverfolgt und mögen für sich zu dem Schluß gekommen sein, daß ein liebender Gott solche Qualen nicht zulassen würde - daher könne es Ihn nicht geben. Und wenn das Chaos um sich greift, werden diese unbewußt Suchenden nicht vorbereitet sein. Ihnen wird ein Glaubenssystem fehlen, das die Ereignisse in eine tröstlichere Perspektive zu rücken vermag. Sie werden Ängste um ihre Lieben ausstehen und verzweifelt versuchen, Vorräte und Waffen anzuhäufen. Nichts als einen Sturz kopfüber ins Verderben werden sie wahrnehmen - obwohl diese Dinge seit Jahrtausenden prophezeit waren! Sie werden nicht erkennen, daß die Menschheit aus dieser Zeit der Prüfung erneuert und geläutert hervorgehen soll. Denn auch dies ist prophezeit: Die Menschheit wird endlich

lernen, daß sie eine einzige Familie ist, und daß Liebe, Gemeinschaftssinn und Eintracht die Trittsteine für ihr nächstes Abenteuer in den materiellen Welten sind.
Die Botschaft beginnt auf der nächsten Seite (und darf frei vervielfältigt und verteilt werden - die Verleger):

Der Weg vor uns

Vor vielen Jahrtausenden lebte auf einem Kontinent, den seither längst die Wasser des Atlantiks schluckten, eine menschliche Zivilisation mit einem ähnlichen technischen Entwicklungsstand wie die eure. Ihr damaliges Gesellschaftssystem entsprach den Bedürfnissen aller.

Es gab im wesentlichen zwei Menschentypen. Die eine Unterart war von großem, doch feinen Wuchs und hellhäutig. Sie hielt alle wichtigen Ämter und Positionen. Der andere Menschentyp war klein, dunkelhäutig und muskulös, und er übernahm hauptsächlich Aufgaben des Dienens und die manuelle Arbeit. Das System funktionierte zur Zufriedenheit aller. Die dominierende Art war sich ihrer Verantwortung gegenüber der Arbeitergruppe bewußt und kam ihr gewissenhaft nach: Sie förderte das geistige und seelische Wachstum unter den Arbeitern und ging sehr freundlich mit ihnen um. Die hochgewachsene Art hatte man gelehrt, daß sich in diese beiden Menschentypen die Individuen *einer einzigen Seelengruppe* reinkarnierten, und daß die Wahl zwischen der einen oder der anderen Rasse von der Lektion abhing, die für eine Seele gerade am dringlichsten war.

Mit der Zeit geriet das alte Wissen in Vergessenheit, und die herrschende Rasse begann, die Arbeiter zu verachten und auszubeuten. Die Programme zur Förderung der geistigen und seelischen Entwicklung unter den Arbeitern wurden abgesetzt. Gesetze wurden verabschiedet, die es dem kleineren Menschentyp verboten, in den großen Städten zu leben. Zu dieser Zeit war die hochgewachsene Art technisch soweit fortgeschritten, daß der Bedarf an manuellen Arbeitskräften nur noch sehr gering war. Bald waren die beiden Menschenarten physisch völlig voneinander getrennt. Verlassen von denen, die sich einst ihrer angenommen hatten, verwahrlosten die Arbeiter. Sie begannen, untereinander zu kämpfen, überfielen die Siedlungen der Hochgewachsenen und raubten

Nahrungsmittel und andere zum Leben notwendige Dinge. Schließlich wurde die kleinere Art immer anfälliger für verschiedene Krankheiten, und ihre Zahlen verminderten sich rasch.

Die Seelengruppe, die sich in diese beiden Menschenarten inkarnierte, war natürlich Eure eigene. Seit sie den Planeten Erde als ihre wichtigste Schule auf der physischen Ebene zu benutzen begann, war sie darum bemüht, die Hauptlektionen der materiellen Welt zu lernen. Leider bedeutete der beschriebene Abschnitt der atlantischen Erfahrung eine Phase des *Verlernens,* und die menschliche Seelengruppe machte dabei tatsächlich Rückschritte. Es wurde klar, daß das Experiment abgebrochen werden mußte, und dazu gab es nur einen Weg: Der gesamte Kontinent mußte im Ozean versinken. Die erlauchten Wesenheiten, in deren Obhut die menschliche Familie gegeben war, arrangierten jedoch zuvor mehrere Katastrophen geringeren Ausmaßes, um die Menschen zu warnen. Sie hofften, die Bewohner von Atlantis würden noch rechtzeitig erkennen, daß sie vom rechten Pfade abgekommen waren. Eine Minderheit verstand dann auch die Zeichen und flüchtete von dem Kontinent, bevor er sank. Und sogar das Sinken selbst vollzog sich in Schritten, und wer »Augen hatte zu sehen«, konnte die Botschaft lesen.

Die Zeit geht in Zyklen, und die großen Katastrophen in der Geschichte der Menschheit wiederholen sich viele Male. Die Menschen sollen sich Auge in Auge mit dem Verhängnis wenigstens unterschwellig bewußt werden, daß sie es alles schon einmal durchlebt haben, und daß *sie selbst die Ursache ihrer Geschicke sind.*

In diesen letzten Jahren des zwanzigsten Jahrhunderts wird die Menschheit ein weiteres Mal mit den Folgen ihres Handelns konfrontiert werden. Denn die konsequente Mißachtung der kosmischen Gesetze führt zum Zusammenbruch der natürlichen Systeme, die der Menschheit das Leben auf diesem Planeten ermöglichen. Glauben die Menschen wirklich, sie könnten mit der Natur machen, was sie nur wollen - die Wälder zerstören, die Flüsse und Meere verschmutzen und sich von den Kadavern der Tiere ernähren - ohne daß ihr Handeln eines Tages auf sie selbst zurückfiele? Glauben sie wirklich, sie könnten ihre Gedankenenergie auf die Entwicklung apokalyptischer Waffen zur Tötung von Millionen konzentrieren, ohne daß sich diese Energie dann auch in dem Gebrauch der

Waffen manifestiere? Doch am schwersten wiegt immer noch die Illusion vieler Menschen, ihr Haß und ihre Verbitterung gegen andere seien ihr »gutes Recht«. So wird die innere Negativität oft von einer Generation zur nächsten weitergereicht.

Doch hat alles auf der irdischen Ebene seinen Preis, und jede Schuld muß eines Tages beglichen werden. Für die Menschheit ist dieser Tag gekommen.

Wie in Atlantis, wird die Menschheit immer stärker unter Druck gesetzt werden, sich zu erneuern und zu vergeistigen. Wer noch ein Quentchen Intuition bewahrt hat, wird den gähnenden Abgrund der Zerstörung ahnen, dem die Menschheit kopflos entgegeneilt. Falls eine ausreichend große Anzahl die erforderliche Wandlung noch vollziehen kann, läßt sich selbst zu diesem späten Zeitpunkt die Vernichtung Eurer Zivilisation noch verhindern. Die Zeit wird es offenbaren, wie sich die Menschheit in dieser Sackgasse entscheidet. Keine höhere Wesenheit kann dies genau voraussagen.

Gebt acht, wie sich die Ereignisse entfalten. Wenn Chaos und Zerstörung kein Ende nehmen wollen und Ihr in Ängsten seid, daß die letzten Tage der Menschheit auf diesem Planeten gekommen sind, so erinnert Euch an die alte Prophezeiung: Es ist alles nur das Vorspiel zu einem goldenen Zeitalter des Friedens, der Liebe und der Zusammenarbeit unter den Menschen. Die Menschheit wird aus dieser Bedrängnis erneuert und geläutert hervorgehen.

Nicht mehr fern ist das versprochene goldene Zeitalter. Nach einer kurzen Zeit der Finsternis wird eine Ära gewaltigen technischen wie auch spirituellen Fortschritts anbrechen - ein wahres Zeitalter der Wunder.

Ihr könnt an dieser herrlichen Erfahrung teilhaben. Übt Euch in Freundlichkeit und Fürsorge und bietet Eure Hilfe an, wann immer sich eine Gelegenheit dazu bietet. Vor allem aber vertraut darauf, daß hinter den Manifestationen der finsteren Kräfte ein höherer Plan steht. Die schwarzen Schatten werden sich bald verflüchtigen.

Wenn Ihr nicht an einen liebenden Schöpfer glauben könnt, so glaubt wenigstens an Euch selbst. Glaubt an den angeborenen Adel des menschlichen Geistes - oder daran, daß das Gute und Wahre letztlich die Oberhand behalten muß. Denn ohne den Glauben verliert jeder Lebensweg seinen Sinn, und die Gipfel geistiger Errungenschaft können niemals erklommen werden.

Der Friede und der Segen aller höheren Wesenheiten, die die Menschheit auf ihrem Wege begleiten, sei ewig mit Euch.

Hilarion

(aus: Der Große Plan. 83 S. Erhältlich vom Saint Germain-Starczewski-Verlag.
56195 Höhr-Grenzhausen. Im Silbertal 4a. Telefon 02624 / 2052, Fax 6762.

Der Große Plan

Vergangenheit, Gegenwart und Zukunft des menschlichen Experiments auf Planet Erde

- Mit einer Führung durch die Unterwelt -

Hilarion eröffnet eine erhabene Perspektive auf die Menschheit: ihre Anfänge in grauer Vorzeit; Entwicklung und Fortschritt bis zur Gegenwart; der unmittelbar bevorstehende Kampf mit Kräften, die wir selbst auf den Plan gerufen haben; und die goldene Zukunft für all diejenigen, die lernen können, mit ihren Mitmenschen und mit den Naturkräften in Harmonie zu leben.

Der Text gibt außerdem einen Einblick in die »Unterwelt« - die finsterste der Astralebenen, auf denen sich Seelen zwischen den Erdenleben aufhalten. Hilarion erzählt die Geschichte des Mörders Stoker, den man auf dem elektrischen Stuhl hinrichtet, und er begleitet diesen zwielichtigen Charakter bei seinem Abstieg in die finsteren Regionen. Stoker steht für die vielen Schurken und Verbrecher unter uns, die keine Aussicht auf die höheren und lichterfüllten Ebenen nach dem Tod haben, da ihre eigene niedrige Schwingungsrate sie unvermeindlich zu den finsteren Ebenen hinabzieht. Dies ist keineswegs eine Bestrafung, sondern geschieht rein automatisch: Es ist die natürliche Folge eines Lebens, in dem das eigene Handeln die Seele immer mehr verrohen läßt.

Doch ist dieses Buch zugleich voller Hoffnung - sowohl für den einzelnen als auch für die Menschheit. Auf der einen Seite zeigt es, wie Stoker sich Schritt für Schritt seinen Weg in die Freiheit erarbeitet. Auf der anderen betont der Autor immer wieder, daß die »Zeit der Bedrängnis«, die auf der Erde bereits ihre apokalyptischen Schatten wirft, nicht den Untergang unserer Zivilisation bedeuten muß. Hilarion erinnert an den freien Willen: Wir Menschen könnten uns durchaus noch aus der absteigenden Spirale befreien, in die es uns gegenwärtig offenbar hineinzieht. Das düstere Bild der Verwüstung, welches diese Quelle so eindringlich beschreibt, wird durchleuchtet von Funken der Hoffnung und Liebe, des Mutes zur Tat, des Mitleids und der Freude. Wenn es uns gelingt, diese Funken zur Flamme zu entfachen, wird das versprochene goldene Zeitalter anbrechen.